iCourse·教材

中国大学 MOOC 教材

U0816366

写作与沟通

主　编　黄海燕

副主编　陈文钢

　　　　吴　辉

　　　　曾献飞

高等教育出版社·北京

内容提要

写作与沟通能力是可迁移性能力，在众多能力集群中发挥着底层杠杆的作用。本教材以“姿态”“规范”“阅读”“观察”“创意”“步骤”“故事”“沟通”8个关键词串起写作与沟通领域中的基本问题、主要技法和关键技巧。它不拘泥于专业理论上的完备性和整体框架上的系统性，力图以相对开放的体例和丰富的案例，通过娓娓道来的方式，激活和增强学习者的兴趣与想象力。它强调对学习者独立思考、批判阅读、精准表达、高效沟通等能力的培养，并希望借此帮助学生（尤其是大一新生）奠定后续学习与发展的能力基础。

本书配套有慕课和课件，适合大学各专业学生使用，也适合有写作与沟通学习需要的社会人士使用。

图书在版编目（CIP）数据

写作与沟通 / 黄海燕主编．-- 北京：高等教育出版社，2021.9（2024.9 重印）

ISBN 978-7-04-056536-2

Ⅰ.①写… Ⅱ.①黄… Ⅲ.①汉语 - 应用文 - 写作 - 高等学校 - 教材 Ⅳ.①H152.3

中国版本图书馆 CIP 数据核字（2021）第 145618 号

写作与沟通
Xiezuo yu Goutong

策划编辑 罗 京　责任编辑 刘新英 罗 京　封面设计 王 鹏　版式设计 杜微言
插图绘制 李沛蓉　责任校对 王 雨　责任印制 刁 毅

出版发行 高等教育出版社
社 址 北京市西城区德外大街 4 号
邮政编码 100120
印 刷 中农印务有限公司
开 本 787mm × 960mm 1/16
印 张 12.75
字 数 160 千字
购书热线 010-58581118
咨询电话 400-810-0598

网 址 http://www.hep.edu.cn
http://www.hep.com.cn
网上订购 http://www.hepmall.com.cn
http://www.hepmall.com
http://www.hepmall.cn

版 次 2021 年 9 月第 1 版
印 次 2024 年 9 月第 7 次印刷
定 价 26.60 元

物 料 号 56536-00

序1

马克思和恩格斯谈论语言时说，语言是实践的，它和意识一样历史悠久。因为语言，人不再是孤独的个体。因为语言，人才可以在交往世界中言说。维特根斯坦亦认为，凡能被思考的东西，都能被清楚思考；凡能被言说的东西，都能被清楚言说。一个人语言的边界，就是他世界的边界。

高等学府的通识写作教学，能够帮助学生向“清楚思考”和“清楚言说”靠近，进而拓宽其语言与世界的边界吗？

在使思想可视之外，语言还往往以其美感传达出情绪上的震颤之力——它或让我们心泛涟漪、眉头紧蹙，或让我们泪水奔涌、血脉喷张……

高等学府的通识写作教学，能够帮助学生免疫于“语言的庸俗化”和“表达的碎片化”，避免其成为行走在汉语故乡的异乡客，并实现精准、优雅的言说吗？

上述两个问题，多年来，我一直在结合校情进行思考：如何建设一个人文色彩浓厚且能拥抱数字时代的财经类院校？

2019年春天，我提出，我们能否以行政班为单位，在全校范围内开设通识写作必修课？我知道，要在全校范围内开设通识写作必修课，老师们的教学压力极大（近3年，江西财经大学每年都有5 000多名新生）。值得欣慰的是，人文学院积极引进人才、培养师资、整合团队，把这份压力转变成了“写作与沟通”课程团队的强大内生动力。他们基于学科交叉思维，积极开展教学改革，通过写作任务项目制的方式，以写作小组为单位，对学生进行从选题到成果展示的全流程训练，着力培养学生的问题意识、想象力、思辨力和语言表达的信达雅能力等。

2020年暑假，课程团队又开始了慕课录制工作。他们的片头很活泼，很有青春气息。我看到后，向人文学院尹忠海院长表达了祝贺与欣赏。在了解了课程团队的教改设计和实施过程后，我意识到，借助慕课、线下课堂串讲、阶段性汇报、“一对一”面批和结课作品汇报，“写作与沟通”构建了一个立体化、多声部、高互动的教学空间，践行了“学生中心”“产出导向”“持续改进”的教学理念。

2021年4月，《写作与沟通》顺利通过一审的消息传到我这里。看到书稿，我再次惊喜——这是一本打破了我对大学通识写作教学想象的教材。

教材从“姿态”起笔，谈我们应回归写作本身。看上去，这一部分似乎与写作技巧毫不相关，但却别开气象。正如王国维所言，“词以境界为上，有境界则自成高格”。讲究写作的至真至诚，“写作与沟通”从一开始就有了境界，有了气派。

接下来，教材又对“规范”“阅读”“观察”“创意”“步骤”“故事”和“沟通”等重要问题展开了逐一讲解。

心灵和笔墨需要自由驰骋，又必须遵从约定俗成的字词语法和标点、格式规则。“陌生化”是艺术创新所要追求的，但它也应建立在读者可知、可感、可理解的基础上。“规范”一章向我们传递的正是这样一些法则。

社交媒体的发展催生了很多网红打卡书店。我常想，这些书店的作用，更多的，究竟是用来装饰朋友圈，还是涵养我们的心灵？拥有优雅、极具审美性的阅读空间，是我们这代人的幸事；但我们还必须知道，打开书本，与先贤对话，与智者交流，做到“前有古人后有来者”才是真正的人生幸事、文化幸事。关于不同的文本应该采用哪些不同的阅读策略，老师们在“阅读”一章中一一提点。

后面的“观察”“创意”“步骤”“故事”和“沟通”，我就不一一剧透了。设若迫不及待，每一章前面的导言，或能稍解诸君之馋。

本教材的创新性还体现在“双线并进”的内部结构上。通过“知识输出线”和“作品展示线”,教材直观化呈现了整个“写作与沟通”的教学管控流程,具有较强的教学示范性。

作为一名法学教育者,我想,高等学府通识写作教育的至高境界,乃在于培养在写作中变得更好的自我,培养可以理性表达的现代公民,培养具有批判性与反思力的社会责任承担者。作为思想家,马克思的法学观非常重视行为的恰当性、合法性。他在表达对林木盗窃法案的看法时,论述洋洋洒洒、富有逻辑,充满了敢于担当的勇气。能成为思想家的人,注定是少数;能自由穿梭于学术著作和文学作品之间并做到卓越的人,更是少数。但我们应该努力活成一个推动社会进步的思想者和行动者。葛兆光认为,在思想家和经典思想史之外,还有一种近乎平均值的知识、思想与信仰,作为底色或基石而存在,它们真正地在人们判断、解释、处理面前的世界中起着作用。中国青年应该有提升这一平均值的使命感,高等教育应该培养具有这种使命感的青年。很幸运,我在“写作与沟通”课程团队中找到了知己,我最初的疑问也在此教材中找到了答案。

未来,从江西财经大学“写作与沟通”课程团队的教学故事中,我们还能收获更多的惊喜和感动吗?

我期待着……

邓　辉

2021 年 4 月 30 日

于江西财经大学蛟桥园

序 2

准确、优雅地使用本国语言文字表达自我思想和情感，是成为全面的人不可或缺的素质。中国高等教育应该培养出，也必须培养出具有这种素质的人。

当你（特别是非中文专业的同学）得知有一门名曰“写作与沟通”的通识必修课时，也许不禁会问：进入大学，怎么还要写作文？

作为老师，我们也有疑问——大学阶段的写作教学与前大学阶段的写作教学应有所不同吗？它该讲什么？又该如何讲？

不妨先一同回顾我们从小学到高中经历过的写作类型。从最初的看图写话到此后的命题写作、半命题写作，再到给材料作文，其共同点是：命题人为写作者划定了大致的写作边界——或有图，或有题，或有材料——是相对有凭借的写作。而大学的学术论文写作，如果抛开与文献的对话不论，则几乎可说是无凭借的写作。写作者往往要自己发现问题、提出问题、分析问题，并尝试解决问题。然而，“提不出问题”或者“提不出好问题”，恰恰是诸多大学生课业学习的一大痛点。当然，大学期间的写作不仅仅指学术写作，它理所当然应涵盖更多自由意义上的创作，尽管通识写作课并不承担培养作家的任务。

既如此，“写作与沟通”就不能在高中写作的基础上画延长线。它作为通识课，亦不宜将培养写作专门人才作为自己的课程目标。同时，“写作与沟通”也不同于专业的学术论文指导课。它应强调对学生想象力的激发（不仅文学创作，学术研究也需要想象力，米尔斯有本书就叫《社会学的想象力》），重视系统性、发散性、逻辑性、批判性等诸多思维的培养，并以提升学生独立思考、批判阅读、精准表达和高效沟通等能力为目标，切实帮助学生奠定大学后续学习（包括学术论文写作）与发展的能力基础。从这个意义上说，通识写作课无疑具有康奈尔大学所谓的“本科教育的起点”的意涵。

同时，正如尼采所言，“任何把谋生方式树为前景的教育绝不是真正的教育”。因此，培养具有家国情怀的合格公民亦应成为“写作与沟通”的课程愿景。

接下来的问题是：从课程的产出导向出发，我们究竟要在“写作与沟通”的学习过程中输出何种文体的作品呢？哈佛大学、普林斯顿大学、清华大学等国内外知名学府都突出采用了主题式写作，一般要求学生完成说理性的文本写作。此番主张与设计有其合理性和必要性；但多年来的通识写作教育更令我们意识到，对刚刚步入高等学府的中国大学生而言，回归和坚守写作的初心，学会畅达与真挚的表达，而不是重在考虑如何在数十分钟的时间、千字左右的篇幅内赢得考试高分，方是大家经历了十余年应试写作后首先要完成的。易言之，比“写作何种文体”更重要的是“以何种姿态去写作”。一如娜塔莉·戈德堡所说，“当你可以用笔和自己的心触碰，你才会发现一个大写的自己，一种真正的自由”，抒情文本、说理本文皆通此理。更何况，若能将个人困扰转化为公共议题，并做出具有人文意涵的理性与智性表达，这本身就是一种了不起的能力和品质。在我们几年来的教学改革实践中，学生们完成过调查报告，也完成过剧本，写过小说，也写过特稿。相对自由的书写状态使很多同学启动了自我语言生产能力的复苏、觉醒和迸发，开始把写作当成“我要表达”而非“要我表达”的事。

基于上述思考、实践和发现，江西财经大学人文学院十余位老师各展所长，结合自身学科背景和相关经验，以“姿态”“规范”“阅读”“观察”“创意”“步骤”“故事”“沟通”8个关键词为章节名，编写了此教材。教材内容含括了读、写、说中的重要注意事项和基本技法。教材每章均附有“思考与训练”和“推荐书目”。学有余力或感兴趣的同学,除“初级阅读”外,还可以选择“进阶阅读”。大家还可将本书与中国慕课平台上的“写作与沟通”搭配使用。

江西财经大学“写作与沟通”课程团队采用的是线上线下混合式教学法。

线上部分,以学生自主学习为主。老师们按照进度安排,登录慕课平台开展互动教学、答疑释惑。线下教学部分,老师们依据此教材和慕课及平台留言的疑问,进行重难点串讲,组织讨论和面批,并依照作品生成的一般序列对同学们进行从“确定选题”“文献综述/材料搜集”“拟定结构”“初稿与磨稿”到“结课作品汇报”的贯通化、全流程训练。其间,主讲教师还会根据需要,协同课程团队为不同写作小组的不同写作选题提供个性化的指导,在教材的推荐书目外,开列更具针对性和参考价值的文献。我们会在部分章节之后,通过“写作进程”版块,展现我们线下课程的阶段设计与部分成果,用以帮助大家更直观地了解学习过程、教学要求,更高效地达成教学目标。由此,本书在结构上会呈现出某种双线并进的特点。

我们激励大家展开团队协作。我们建议同学们按照3～5人一组组建写作小组,并给自己的团队命名。当然,你仍可以坚持“单兵作战”。在前大学阶段,我们大抵都在“独自书写”,有了合作伙伴后,写作的感觉和进程将会很不一样——你会体会思维火花的碰撞,或者不同观点的融合;体验如何有效说服团队其他成员,又或者学会接纳、拥抱他人观点;感受自己如何在团队中闪光,又如何为他人的创见点赞……

我们倡导大家自主选题。从你感兴趣的问题出发,确定的选题既应有一定的难度和深度(最好带有公共属性,具备公共传播价值,具有挑战度与高阶性),又要和自己的能力匹配,并考虑规定学时内的可执行性。

我们重视文献搜集、整理与综述的训练。因为这个过程,也是小组再次确认选题价值和创新性的过程，更是对此后学术写作的一种小型彩排。

我们要求大家构思和拟定写作大纲或思维导图。因为它有助于大家明确写作思路和作品结构，防止写偏、写漏，确保作品的逻辑性和条理性。

我们强调面批和磨稿。好的文章是改出来的。所以，面批后的继续磨稿极有必要。写作，不仅关涉表层的遣词造句技法，亦体现背后的思维水平——写作训练本质上是一种思维训练。磨稿的过程就是大家反复做思维体操的过程。

我们组织结课作品汇报。它是见证师生教与学成效的时刻。在我们几年来的教学改革实践中，同学们采用PPT、微视频、小剧场，甚至游戏建模等形式来创意化展现团队作品，让我们这些老师一次次惊叹于当代大学生的想象力和创造力。本教材附有数件学生作品。虽不尽完美，但青春的真诚与努力已令其足够美好。经他们同意，我们收录书中，供大家阅读、借鉴和批评。此外，我们在书籍页面外侧做了大于一般教材的留白。你可以在上面尽情施展你的思维体操。所以，这不仅是一本教材，也是独属于你的写作记忆。

最后，诚恳的写作不单只是一种对外输出，它也对内治愈自我的心灵。祝大家都能找到感兴趣、有价值的好选题，也愿每一个人都能在写作的过程中释放那个独一无二的自己。

黄海燕

2021年2月14日

目　录

尽管我们从小学接受“作文”教育起就开始了所谓的“写作”教育，但从前“作文”教育的主要目的似乎在实践中被更多地定位为“应对考试”，所以不完全是我们要谈及的“写作”。当我们置身高等学府，有必要重新思考：写作有姿态可言吗？如果有，什么样的姿态才是可能更恰当的姿态？写作的初心（本来意义上的写作）是什么？我们落笔写作的时候，是不是往往忘记了写作的初心？写作要坚持真实吗？为什么？写作应该饱含温度吗？为什么？带着这些问题，我们开启“写作与沟通”第一章的学习。

第一章　姿态

第一节　回归写作

回归写作

谈回归写作，首先不妨言及人类为什么要写作。

一、人类为什么要写作

《淮南子》里写“昔者仓颉作书，而天雨粟，鬼夜哭”[①]。文字的出现可谓开天辟地，意味着有史文明的开始。写作，作为人与人沟通的重要手段，既保留人类文明和创造人类文明，对个体而言也是至为重要的思维训练方式。

不仅于此，文字表达与生命感觉紧密相连。表达是一种生命诉求，当我们来到一片如镜的湖面，当我们面对隔夜的如席大雪，我们的第一冲动是打破它们原来的平静如初，宣告我们的到来和存在。我们不大会愿意接受这样一个世界——它因为我们的到来而毫无改变。所以，我们要表达。表达，是我们的深刻属

① 〔西汉〕刘安等：《淮南子》，杨坚点校，岳麓书社 2015 年版，第 64 页。

性。人，生而求表达。然而，表达的束缚和困境却又无所不在。绝大多数人都使用语言文字，但最终都很难避免沦为语言文字表达的囚徒。

因此，表达既是一种匮乏性需要，又是一种丰富性需要。

二、表达与自由如何关联

表达的方式有许多。仅就文字表达而言，就有诗歌、散文、小说、戏剧等诸多文体形式。至于其他艺术门类，则更是五花八门。有音乐、舞蹈、建筑、绘画、雕塑，等等。

但离开艺术，还有没有表达呢？当然有。比如，篮球、足球、游泳、体操、花样滑冰，等等。就某一种运动而言，虽然基础的训练基本相同，但在某个运动领域里面，你会很容易发现各个体育明星的风格完全不同，这实际上是他们在运动里发现自己并形成自己的风格，运用它们来表达自己对秩序、世界的看法，从而获得某种特殊的自由。

这种自由在庄子“庖丁解牛”的故事中得到诠释——“手之所触，肩之所倚，足之所履，膝之所踦，砉然响；奏刀，騞然莫不中音：合于《桑林》之舞，乃中《经首》之会。”[①] 在“臣之所好者，道也，进乎技矣”的“游刃有余”的技术舞蹈中得到表现。

意义不仅于此，一个具备多种表达方式的人，要远比内心贫瘠无法表达自己的人更丰富、更多维，他们理所当然地属于多个维度的世界，并自由进出其间。一句话——他更自由。这无疑是我们作为人类的某种深刻而高昂的梦想。

三、痛苦为什么还要表达

《红楼梦》里面说，“满纸荒唐言，一把辛酸泪；都云作者痴，谁解其中味”。既如此痛苦，那为何还要“批阅十载，增删五次”地表达呢？中西方都有“蚌病成珠”的说法。说的是，好的艺术作品，常常是创作者的忧伤和痛苦的分泌物。

---

① 杨柳桥：《庄子译诂》，上海古籍出版社1991年版，第59页。

但这样说还是简单了一些，人的一生都在寻找表达自己的方式，最适合你的表达方式让你痛并快乐着，但更为关键的是后者要远超过前者。

法国雕塑家罗丹在《罗丹艺术论》说："苦痛，亲人的死亡，甚至朋友的背叛，也会给予伟大的艺术家(我指画家、雕塑家，同时也指诗人)以一种酸辛的快乐。""有时他的心像是受刑，但是因为他能了解和表达所深受的酸辛的愉快，要比他所感到的苦痛还要强烈。"① 人类需要表达痛苦，原因在于这种表达的快感要比痛苦本身还要丰富和强大。表达是一种生命寄托，一种吁求，一种对共鸣和知音的吁求，这种生命吁求的琴弦在司马迁《报任安书》里因为慷慨悲歌而铮铮作响。

四、语言是我们存在的家园

我们最终又要回到写作与自由的关系的问题上来，要从写作与生命的关系谈起，从语言表达与精神自由的关系谈起。通过表达，我们体验到生命的自由。这种自由区别于经济上的、政治上的外部自由，它更属于一种内部自由，具有某种自足性，甚至通灵性，途经"心骛八极神游万仞"的阶段，最终"通古今之变成一家之言"。

表达的自由是生命自由的一种最重要方式，这实际上就同时道出了"语言是我们存在的家园"这个道理。

日常意义上，我们常常承认这种认识——语言是我们表达的工具。但这种似是而非的表述掩盖了另一个事实——我们同样使用语言来思考。

我们在使用语言表达的时候，语言无时无刻不在透露和表达我们自己。最终，我们的思想和存在都停歇在我们的语言建筑的园地里。也可以说，语言承载了我们的生命(存在)。

① [法]罗丹口述，葛塞尔记:《罗丹艺术论》，沈琪译，人民美术出版社 1978 年版，第 27—28 页。

语言表达我们，语言成了我们思想的一种面相。孟子云："吾知言，吾善养吾浩然之气。"语言在表达我们的时候就成了我们的精气神。

所以，我们生而美丽或者普通，这并非我们能主宰；我们所能决定的，是属于自己的精神面相。

所以，当我们认知到原本意义上的写作是内在的生命需求的时候，就能够自然而然地理解写作为什么不应该袭蹈前人，不用套话，不讲空话，而应最终努力实现"我手写我心"的自由。

在这种意义上，我们也就更能理解套话、空话带来的危害是什么。这些表达让个体丧失其独特性，最终泯灭在现代社会数字化和原子化的无情现实里。

当然不只是这些，即使是长久以来成语式的思维和表达，或名人名言式的表达方式，也同样存在对个体表达的妨碍和伤害。这些问题，留给大家自己去思考。

"回归写作"，让"这个"成为"这个"，而不是成为"一个""某个""1"，是生活世界最珍贵的目的。唯其如此，社会才有色彩斑斓、花香万种的可能。

（本节主撰：陈文钢）

第二节　坚持真实

坚持真实

真实，是新闻的生命；求真，更是科学研究的目标。而以虚构为典型特征的文学写作，要不要讲究真实呢？我们来看两段文学作品中的人物描写。一段来自曹雪芹的《红楼梦》，一段来自罗贯中的《三国演义》。

两弯似蹙非蹙笼烟眉，一双似喜非喜含情目，态生两靥之愁，娇袭一身之病。泪光点点，娇喘微微。娴静时如姣花照水，行动处似弱柳扶风。心较比干多一窍，病如西子胜三分。[1]

① 〔清〕曹雪芹：《红楼梦》，人民文学出版社2008年第3版，第49页。

那人不甚好读书，性宽和，寡言语，喜怒不形于色；素有大志，专好结交天下豪杰；生得身长七尺五寸，两耳垂肩，双手过膝，目能自顾其耳，面如冠玉，唇若涂脂；中山靖王刘胜之后，汉景帝阁下玄孙，姓刘，名备，字玄德。[①]

第一段对林黛玉的描写完全是虚写，什么是“似蹙非蹙笼烟眉”“似喜非喜含情目”，全凭大家想象；第二段则很夸张，现实中的正常人不可能“两耳垂肩，双手过膝”，但是我们不能否认这是两段非常出色的人物描写，因为它符合文学写作中的真实。

那么，文学写作的真实是指什么呢？

一、文学写作的真实是艺术真实

我们首先需要区分两个概念：生活真实和艺术真实。

生活真实是指社会生活中实际存在的人和事，即客观现实中的真实。艺术真实是指文学作品中所写的人物事件并非当下产生，而是写作者将平时所经历观察的真实感受、感觉、感情，组合杂糅到作文时所虚构的人物事件上，然后运用语言表达技巧将其艺术化地表达出来的真实。

二、艺术真实的特点

与生活真实不同，艺术真实以假定性情境表现对社会生活内蕴的认识和感悟，它有三个特点：本质性、主观性、假定性。

（一）本质性

本质性是指艺术真实能够反映社会生活的本质与规律，艺术来源于生活又高于生活，艺术真实剔除生活的驳杂和混乱，直达生活的本质。批判现实主义作家契诃夫塑造了很多小人物的形象，这些小人物是俄国专制制度对人性碾压的缩影。在卡夫卡的《变形记》中，主人公一夜醒来变成了甲虫，虽然荒诞不经，但深刻揭示了西方现代社会人与人之间的冷漠关系。

① ［明］罗贯中：《三国演义》，商务印书馆2016年版，第2页。

我们再以白居易的《长恨歌》为例来分析艺术真实的本质性。《长恨歌》把唐玄宗与杨贵妃的爱情故事写得缠绵婉转、荡气回肠，这与史实大有出入，但是读者并不认为虚假，因为作者不是拘泥于历史来进行艺术创造，而是借助历史的外壳，将历史、政治、爱情等复杂现实通过艺术化的形式表现出来。诗中的故事和人物经过作者的艺术创造能够直抵读者内心，在人们心中激起波澜，这就是艺术真实的力量。

真正不朽的文学作品是一定能够发现和反映社会生活本质的作品。因此，恩格斯称赞巴尔扎克的《人间喜剧》“给我们提供了一部法国‘社会’，特别是巴黎‘上流社会’的卓越的现实主义历史”①。

（二）主观性

主观性是指艺术真实不是生活真实的自然主义摹本，而是对它的反映。反映具有主观能动性，就是说，艺术真实是作家对社会生活认识和感悟的产物，例如《三国演义》中曹操形象的塑造虽然有历史依据，但是与客观真实相去甚远，这与罗贯中“拥刘反曹”的主观意识密切相关。再如玛格丽特·米歇尔的《飘》中的思嘉，有着众多矛盾的性格特征：自私傲慢又叛逆隐忍、冷酷无情又恪守承诺、富于幻想又面对现实、任性轻率又工于心计等。这个艺术形象是作家根据自己生活经验和主观感悟通过艺术想象创造出来的。在思嘉身上，我们可以看到玛格丽特·米歇尔的影子，也能窥见她对南北战争、南方黑奴制、南方没落的看法和倾向，更不用说从中闪耀的女性主义光辉，所以思嘉才能成为经久不衰的典型形象。

不过我们要注意，艺术真实中的主观性要建立在客观真实的基础之上，鲁迅认为“燕山雪花大如席”是可行的，因为燕山冬季确实寒冷，但如果说“广州雪花大如席”，那就成了笑话。所以写作还需以客观事实为基础，不能胡编乱造。

---

① 《马克思恩格斯选集》第4卷，人民出版社1995年版，第683页。

（三）假定性

假定性是指文学作品以假定性情境表现社会生活的本质。文学对现实生活的反映不是如镜子一般照搬照抄，而是带有作者的主观能动性，作者就必然对客观材料进行选择、挖掘、补充、提炼和概括，通过想象和虚构进行重组和再造。例如，女性主义代表作之一《简·爱》，主人公简·爱身上有着作者夏洛蒂·勃朗特的诸多痕迹，但是作为全文主线的简·爱与罗切斯特的恋爱史，其发生、发展和结局都是在假定性情境中发生的，现实中的夏洛蒂·勃朗特并没有这么一段曲折的恋爱史。再如《西游记》，虽为神魔小说，但是其中孙悟空、猪八戒、沙僧及众多神魔妖怪都具有人的性格特点，甚至是某类人的缩影。其实，以假定性情境反映或表现社会生活的内蕴是一切艺术的共同特征，中国戏曲在舞台上用几个人、几杆枪就构造出千军万马，用一桌一椅就可以代替整个房间，这都是假定性情境的体现。

我们再以格非的《人面桃花》中对花家舍的描写为例。

隔着波光粼粼的湖面，她可以看到整个花家舍。甚至她还能听见村中孩子们的嬉闹声。这个村庄实际上是修建在平缓的山坡上，她吃惊地发现村子里每一个住户的房子都是一样的，一律的粉墙黛瓦，一样的木门花窗。家家户户的门前都有一个篱笆围成的庭院，甚至连庭院的大小和格局都是一样的。一条狭窄的，用碎砖砌成的街道沿着山坡往上，一直延伸到山腰上，把整个村庄分割成东西两个部分。村前临湖的水湾里停泊着大大小小的船只，远远看上去，耸立的桅杆就像是深冬时节落光了叶子的树林。①

现实中不可能有这样的村庄，花家舍情境的假定来自虚构的桃花源，蕴含着作者对社会生活的深刻认识和感悟，有着丰富的历史文化内涵和哲学意味。女主人公陆秀米在嫁娶途中，被劫匪绑至花家舍对面的一座湖心小岛上。这个与世隔绝的小岛被打

① 格非：《人面桃花》，上海文艺出版社 2012 年版，第 102 页。

造成表面上整齐有序的世外桃源，远离纷乱世事，隐逸山水之间。这正是很多人内心向往的伊甸园。但是在风云飘摇的时代，这种乌托邦想象不过是镜花水月，花家舍这个土匪窝最终灰飞烟灭。通过花家舍，作者宣告了逃避现实的乌托邦的虚伪和虚妄，而发生在花家舍的连环杀人案也暗示了隐逸于山林的乌托邦不过是一块遮羞布，其实质是充满了权力和欲望之争的阴谋和杀戮。

如何达到艺术真实，除了仔细观察生活、体验生活，还需要有艺术概括的本事，也就是将普遍性与特殊性统一起来，写出能反映普遍性却又是独有的“这一个”。就好比阿Q精神是国民劣根性的重要代表，林妹妹是清高脱俗、体弱多病、多愁善感的代名词。我们在现实写作中，可以通过训练逐渐向艺术真实这一目标靠近。

（本节主撰：李　旭）

第三节　保持温度

保持温度

写作不是纯粹的技术性活动，写作能力不可能通过机械的、冷冰冰的训练习得。实际上，写作从一开始就是具有温度的创造性活动，它始终关注人与人、人与社会以及人与世间万物的关系。由此，生死、爱恨、善恶、美丑、正义、真相等主题，在今天的写作活动中依然扮演着重要的角色。正是通过对这些主题的讲述和呈现，写作的意义才得以凸显出来。也正是在这个过程中，我们将更能感受与理解写作的温度。不仅文学作品，哪怕是讲究客观性的新闻写作，也是要求有温度的。一如杜骏飞教授所言：“新闻的本质是人；它应该报道人，并以人性来报道；新闻必须基于事实报道来关怀人，新闻报道事实及人，其目的是要帮助人了解世界及理想化的生存；职业新闻的一切努力，都是要使新闻和媒体回到人。”[1] 那么，如何让作品有温度呢？

[1] 杜骏飞：《新闻是人，新闻学是人学》，《国际新闻界》2018年第2期，第23页。

一、写一个好故事[①]

需要首先强调的是，从通俗的意义上讲，写作就是讲故事，无论是写小说还是新闻报道，都是写作者在向读者讲述一个故事。如果说写作的各种技巧和方法解决的是“如何写故事”的问题，那么本节所讨论的写作的温度则带领我们思考“什么是好故事”的问题。不妨来看下面两个案例。

欧·亨利的短篇小说《最后一片叶子》，讲述了一位脾气暴躁、毫无艺术成就的老画家冒着风雨为患上肺炎、意志消沉的青年画家画上最后一片绿叶的故事。老画家的绿叶激励了青年画家，神奇地挽救了他的生命，而老画家自己却染上了肺炎，不幸离世。故事看似很简单，但作者让我们看到了生命所拥有的无限潜力，使我们感受到自然无声的魅力，以及人性中那闪亮的光彩和慰藉他人的温暖。

第二个例子是芝加哥大学文学教授诺曼·麦克林恩在退休后创作的自传体小说《一江流过水悠悠》。小说主要讲述了牧师的两个儿子诺曼和保罗不同的人生选择。他们成长于美国西部小城镇密苏拉，这里山林掩映，一条大河穿过其中。两兄弟从小跟着父亲在河里练习钓鱼技巧，并且逐渐掌握了颇有难度的蝇钓技术，这令他们颇感自豪。时间一天天过去，两兄弟也渐渐长大。诺曼性格沉稳，过上了波澜不惊的生活。保罗从未离开家乡，成长为蝇钓的高手，并自创了新的钓鱼技术，但他性情直率桀骜，最终惹上麻烦，不幸早逝。作者并没有过多渲染保罗之死带来的悲痛，而是用大量笔墨描写保罗的垂钓技术，任由内在的真挚情感像河水一样无声地流淌，使读者体验到感动人心的亲情，也感受到生命的充实和纯粹。

这两个例子表明，好的写作绝不是仅靠华丽的词藻取胜，无论是虚构的小说或自传性的非虚构写作，都指向一个共同的目

① 关于故事的写作技巧，可查阅第六章“步骤”中的第四节“谋篇布局”和第七章“故事”。

标，那就是洞察故事背后蕴含的人性光辉，保持对人类美好情感的感受力和领悟力。“好故事的功能在于滋润我们的人性，好小说的价值在于通过人性的培育与回归，领悟生命的意义。”① 只有明白了这一点，才能真正做到通过写作理解自己和他人，同样，只有超越主观的认识偏见和局限，体现人性的温度，才能写出一个好故事。

二、传递人文关怀

中国传媒大学新闻传播学部副教授周逵编著的《非虚构：时代记录者与叙事精神》，是根据十多位中外记者、编辑、非虚构写作者等的演讲整理而成的。这些写作者都具有丰富的写作经验，每个人讲述的故事不同，但都充满了一种深切的、现实的人文关怀。

例如，《冰点周刊》主编、资深记者、编辑从玉华讲述了汶川地震中的一对父子、温州动车事故中的两个大学生。凤凰卫视节目主持人陈晓楠讲述了从农村到城市打拼十年依然一无所有的“劳斯莱斯”、曾经的志愿军战俘、汶川地震发生后北川中学的老师和学生、北大荒知青安养中心的老知青病人，等等。这些被忽视的小人物，他们的故事往往能够产生一种巨大的情感冲击力，使我们能够深切体会到他们的真实生活。就像陈晓楠所说的那样：“那恒常生活中的诗意，升斗小民的生命力，深厚、温暖而苍凉。”② 类似的例子在这本书中比比皆是。如原《凤凰周刊》主笔袁凌关于矿难和尘肺病的报道，资深记者林珊珊关于“如何讲故事”的演讲，等等。《人物》杂志副主编、原《中国青年报》冰点周刊记者赵涵漠在谈到采访者与采访对象之间的关系时说：“我觉得一个好记者首先应该最具备的一点是要有‘同理心’，不是只做‘同情心’。我们没有权利去随便同情别人，大家谁也不能说我站在一个高点上就可以同情你们。但是我认

① 徐岱：《故事的诗学》，浙江大学出版社 2014 年版，第 59 页。

② 周逵编著：《非虚构：时代记录者与叙事精神》，清华大学出版社 2017 年版，第 34 页。

为‘同理心’是非常重要的，你应该知道你面对的是一个什么样的采访对象和什么样的采访情境。如果你是被采访者，你可能会面对哪些心理障碍？换位思考一下就会知道，为什么有些采访对象你无论怎么说服他都不接受采访，为什么有些采访对象你感觉到他受伤了，他还要把这个采访继续下去。”[①] 在新闻实践中，一些记者为了抢抓新闻，毫不顾忌新闻当事人痛失亲人的痛苦，一心想着自己需要的“料”。假探寻新闻真相之名，施“二次伤害”之实。唯有心存关怀，并把这种关怀传递到写作的过程中，才会心中有暖、笔端有情，才能实现文字的抚慰功能。

总之，“好故事”往往能够触动人们内心深处最柔软的部分，能够唤起人们本性中的善良与纯真。写作的“温度”并不是喊一些虚无缥缈的口号，也不是用虚伪矫情的语言来填补情感的空虚，更不是堆砌假话、空话、废话；而是通过讲述好故事，体现作为个体的人的生活状况，彰显生命的价值和意义。一个好故事不仅能够让人们愉快地度过闲暇的时光，而且具有一种人性的温度，能够让我们学会分辨人世间的真假好坏、善恶美丑。一个具有温度的写作必然是带着纯粹的情感，用真诚之心、人文之情去创作出来的。

（本节主撰：叶　健）

思考与训练

1. 阅读沈从文的《边城》《湘行散记》。在其中找出一段描写，分析沈从文的表达与你从前“写作文”的不同。

2. 文学写作中的真实是艺术真实，有人认为非虚构写作要求客观真实，虚构写作讲究艺术真实，谈谈你的看法。

3. 近年来，随着人工智能的飞速发展，智能写稿机器人应运而生，并且开始投入小规模的商业运营。有人担心写稿机器人会取代，甚至超越记者和编辑；也有人对此持乐观态度，认为这

① 周逵编著：《非虚构：时代记录者与叙事精神》，清华大学出版社2017年版，第131页。

样能够解放劳动力，使写作者可以投入更深层次的思考。谈谈你的看法。

推荐书目

（一）初级阅读

1. 毛泽东：《反对党八股》，人民出版社 1953 年版。

2. 钱理群：《致青年朋友》，中国长安出版社 2008 年版。

（二）进阶阅读

1. 徐岱：《故事的诗学》，浙江大学出版社 2014 年版。

2. 周逵编著：《非虚构：时代记录者与叙事精神》，清华大学出版社 2017 年版。

写作进程

第一站：自由组队

要　　求：

建议 3 ~ 5 人一组，结合自身特点及写作主张、学习愿景等，为小组命名，并简单阐述理由。

温馨提示：

1. 成员应有写作目标共识。

2. 组内异质更有利于取长补短相互学习、共同提高。

3. 组长是小组的召集人和负责人，除完成自身的写作任务外，还要关注团队成员的成长，并负责撰写团队学习反思报告。

往期学员案例分享

■ 格鹿四次方

成　　员：

王佳鸿、杨舒雯、封孟欣、陈骁琦

命名由来：

1. 4个人，四次方。我们在一起，不是做加法，而是能量翻倍。

2. “格鹿”是 glow 的音译。glow 有（因温暖、健康而）容光焕发、金色、喜悦、持续不变的光(或热)等意思。我们想做发光的团队。

3. "格鹿"也是glue的音译。glue有胶水、粘合的意思。我们会紧紧抱在一起,协作完成写作计划。

4. "格鹿"还是grow的音译。grow有成长的意思。希望我们能在写作中收获成长,在写作的世界中反思自我,体会尼采所说的"成为我们本该成为的人"。

■ 午夜植物

成　　员:

邵佳、詹若辰、吴雨娟、张飞鸿

命名由来:

1. 我们的写作方向——对在暗处、沉默着的、难以被体察到的事物与想象进行描写。

2. 我们的工作时间——大多为午夜。

3. 我们的做事风格——扎根实际,脚踏实地。

人本质上是向往自由的，总是不愿被规矩和条条框框束缚；但我们又必须遵从一定的规范，借此提高交流和沟通的效率。树立明确的规范意识，理解并遵循这套规范，是我们写出好文章的基本前提。规范意识和对这一套规范的理解力、执行力，甚至可说是交流与沟通中的“硬通货”。那么，文字、词汇、语法、标点、格式，它们各自有哪些规范？在我们日常的写作中，又常会出现哪些我们不易察觉的易错之处？这种种规范背后的规律与逻辑是什么？带着这些问题，我们进入第二章的学习。

第二章 规范

第一节 文字规范

文字规范

文字是记录语言的书写符号系统，也是重要的交际工具之一。汉字是世界上历史最为悠久、使用人数最多的一种文字。汉字在促进经济文化发展、维护国家统一等方面做出了重大的贡献。几千年来，汉字经过了许多重大的变革，汉字的音形义都发生了很大的变化。1954 年，国家设立了中国文字改革委员会(现改为“国家语言文字工作委员会”)，制定了文字改革的方针，确定了简化汉字、推广普通话、制定和推行《汉语拼音方案》三大任务。2000 年 10 月 31 日，第九届全国人民代表大会常务委员会第十八次会议通过了《中华人民共和国国家通用语言文字法》。《中华人民共和国国家通用语言文字法》第二条规定：“本法所称的国家通用语言文字是普通话和规范汉字。”第三条规定：“国家推广普通话，推行规范汉字。”我们在写作中必须用规范的文字写作，否则既会影响交际，也可能涉嫌违法。

2013 年 6 月 5 日,国务院公布了《通用规范汉字表》。《通用规范汉字表》是《中华人民共和国国家通用语言文字法》的配套规范,是记录汉语的通用规范字集,体现着现代通用汉字在字量、字级和字形等方面的规范。《通用规范汉字表》共收字 8105 个,分为三级。《通用规范汉字表》公布后,社会一般应用领域的汉字使用应以《通用规范汉字表》为准。也就是说,符合《通用规范汉字表》的汉字才算规范汉字。不规范汉字指《通用规范汉字表》收录的 8105 个规范汉字以外的汉字,包括繁体字、异体字、旧字形等。

一、注意繁体字的使用范围

自 1956 年《汉字简化方案》公布至今,简化字已经在大陆使用了半个多世纪,我们使用简化字已经成为一种习惯,但在港澳台地区和海外还有一部分海外华人使用繁体字。

一般情况下,汉语文出版物必须使用规范汉字,禁止使用不规范汉字,但在某些特殊情况下,可以使用繁体字和异体字。《中华人民共和国国家通用语言文字法》第十七条规定,有下列情形的,可以保留或使用繁体字、异体字:

(1) 文物古迹;

(2) 姓氏中的异体字;

(3) 书法、篆刻等艺术作品;

(4) 题词和招牌的手书字;

(5) 出版、教学、研究中需要使用的;

(6) 经国务院有关部门批准的特殊情况。

只有符合《中华人民共和国国家通用语言文字法》第十七条的规定才可以保留或使用繁体字、异体字。繁体字属于不规范的汉字,使用范围是有一定限制条件的。

我们在使用繁体字的时候还需注意,繁体字与简化字并不是一一对应的关系。《简化字总表》中的简化字同繁体字大部分是一一对应的,这部分简化字在繁简转化的时候不会出现问题。但是,还是有少部分是一对多的关系,这部分字在繁简转化的时候，需要特别注意。例如，简化字“发”对应两个繁体字：發、髮。第一个“發”是“发现”的“发”的繁体字，而第二个“髮”是“头发”的“发”的繁体字。有些汉字没有简体字，繁体字跟简体字相同。例如“皇后”的“后”的简体字还是“后”。但是表示“后来”意义的“后”的繁体字是“後”。不同意义对应不同的繁体字。

二、不用异体字

异体字是指结构不同而音义完全相同的字。大家中学时候学过一篇鲁迅先生的文章叫《孔乙己》。孔乙己问“我”：“茴香豆”的“茴”字有几种写法？孔乙己解释说：茴香豆的“茴”字有四种写法。其实，只有一种是规范汉字，其他的都是不规范的汉字。

1955年国家公布了《第一批异体字整理表》，2013年公布的《通用规范汉字表》对其进行了调整。我们应该使用规范的汉字，不使用异体字。

三、不写错别字

错别字，顾名思义是指错字和别字。一种是无中生有，即在字的笔画、笔形或结构上写错了，这称之为“错字”。手写的时候需注意。另一种是张冠李戴，本该用某个字，却写成了另外一个字，这称之为“别字”。例如，“青睐”误为“亲睐”、“捅娄子”误为“捅篓子”、“食不果腹”误为“食不裹腹”、“粗犷”误为“粗旷”，等等。汉语的三个动态助词“的”“得”“地”误用的地方很多，写作的时候需特别注意。据实际教学观察，不少学生惯常把“的”“得”“地”这三个字不分情况都统一写作“的”，或不分具体语境中词语的词性，把是名词的情况视为动词。例如：

你表达的很流畅，我很欣赏。

“流畅”在这里是补充交代前面的动作怎么样。因此，这里的“的”应该修改为“得”。

又如：

我非常欣赏你流畅地表达。

“表达”可做动词也可做名词，但在这里，“表达”是名词，“地”应该改为“的”。

那么，我们如何使用规范汉字呢？最简单的办法是查阅《新华字典》《现代汉语词典》。它们是严格遵循国家语言文字法律法规的典范。我们对是否为规范汉字把握不准时，可以查阅这两部权威的工具书。有些人在使用这两部工具书时，可能会忽略工具书的《凡例》和《附录》部分。例如《现代汉语词典》（第七版）的《凡例》第二部分“字形和词形”就告诉我们，词典单字条目使用的汉字是规范汉字（正体字），正体字后面带括号的不都是繁体字，还包括异体字，而繁体字也可能仅适用于某一个或几个义项。

例如“范”字。《现代汉语词典》（第七版）显示，作为“模子、模范、范围、限制”等义项使用的“范”字的繁体字是“範”，作为姓氏使用的“范”字，繁体字和简体字则是一样的。但是，有的人会把姓氏的“范”的繁体字错写为“範”。

再如“丑”字。《现代汉语词典》（第七版）显示，作为“地支第二位”“姓”等义项使用的“丑”字的繁体字是一样的。“醜”字作为“丑”字的繁体字只适用于词典中①—④义项；而作为第⑤义项“戏曲角色行当”的“丑”字的繁体字也是“丑”字，形体没有变化。

使用规范汉字需要掌握《通用规范汉字表》及其相关的文字知识，多查工具书，不滥用繁体字，不用异体字，不写错别字。

（本节主撰：曾献飞）

第二节　词语规范

词汇是语言诸要素中最活跃、最富于变化的部分，词义演变是一个动态发展、动态取舍的过程。随着社会的发展、新事物的产生，有新词产生，也有旧词消亡，我们在写作中对词语进行选择时，必须将其置于规范化的基础上。

一、词语规范的三大原则

对于规范性的把握，我们必须遵循以下三个原则：必要性、普遍性和明确性。

（一）必要性原则

所谓必要性原则，是指我们考虑一个词在普通话词汇系统中有无存在的必要，应该以其在表义上是否是必不可少的为依据，凡是表义所必需的词语可保留使用，否则即为生造词，应避免使用。比如，现有词汇中我们常用的“如果”“抱怨”“期待”，有的人自认为“创新”地用“若果”“怪怨”“期等”，就是不符合规范的用法。

（二）普遍性原则

所谓普遍性原则，是指我们要尽量选择现代汉语普通话中人们普遍使用的，并且易于被人们所接受的词语，除非特殊情况，少用未被普通话吸收的方言词语、外族词语、文言词语等。比如，我们用“幼儿园”不用“幼稚园”，用“维生素”不用“维他命”等。

（三）明确性原则

所谓明确性原则，是指我们在选用词语时，要选用意义明确、所指清晰的词语，避免使用语义含混不清或带有歧义的词语。比如不要随意对词组进行缩略，不要随意使用中、外语夹杂的词语等。

二、注意七类词的处理

在词汇演变、网络浪潮、外来文化等因素的影响下，我们在写作中要注意以下七类词的处理。

（一）同音近义词

汉语中有一些读音相同或相近，且有相同语素的词，它们的意义和用法有相近的地方，又略有差异，稍不注意就有可能造成误用，我们在写作中要特别注意辨析这类同音近义词的用法。例如：

截止北京时间6月10日6时，全球新冠肺炎累计确诊病例超过 730 万例。

他做事总是粗心大意，以致于我们迟到了好几个小时。

这两个例子中，“截止”是一个不及物动词，我们可以说截止到几点，但不能带宾语，因此这里应该用“截至”才是正确的。第二个例子，汉语词汇中有“以致”“以至”“以至于”，但没有“以致于”。“以至”“以至于”用法相同，表示在范围、数量、程度、时间等延伸和发展；“以致”表下文是上文产生的结果，不能受“以至于”的影响写成“以致于”。

诸如这样的例子还有很多，比如“功夫”和“工夫”、“权利”和“权力”、“期间”和“其间”、“经济”和“经纪”、“定金”和“订金”、“处置”和“处治”、“查看”和“察看”、“启示”和“启事”、“传诵”和“传颂”、“蔓延”和“漫延”，等等。我们要注意对这一类词词义的辨析，在写作中正确使用。

（二）异形词

异形词指普通话书面语中书写形式不同但读音和含义完全相同，并且在同一语言环境中可以换用的一组词语，如“雕零”和“凋零”、“夙愿”和“宿愿”、“混蛋”和“浑蛋”，等等。异形词是由于异体字的存在而产生的。随着国家语委相继对异体字、异形词进行整理和规范，很大一部分异形词已确立规范书写形式，我们在写作中应注意选择规范词形。

如果遇到难以取舍的异形词，我们可以依据和参照 2002 年 3 月 31 日试行的《第一批异形词整理表》，该表规定了 338 组普通话书面语中异形词的推荐使用词形，字表未收录的，可使用《现代汉语词典》（第七版）所列词形。

例如：“绰约”形容女子姿态柔美的样子，“婥约”是“绰约”的异形词，《现代汉语词典》“婥约”条下释义是“同‘绰约’”，可见《现代汉语词典》主张以绰约为正体，我们在使用时应注意尽量选择“绰约”。

（三）生造词和网络新词

随着新事物的出现，我们需要为其创造一个新的词语，如

“裸婚”“水货”;或赋予固有词语新语义、新用法来指代它,如“山寨”。新词的产生是语言发展的必然结果,但是,有的“新词”是个别人随意生造出来的,不能被社会普遍接受,这类词不仅影响交际,还不利于语言健康发展,是词汇规范化的对象,我们在写作中也要避免使用这类生造词。具体来说,以下两类情况属于生造词。

1. 随意改变固有词义的一个语素生造词语。例如:

成为一名优秀的击剑运动员,是他多年的宿望。

山里的风微凉,零星有几户人家亮着微弱的灯光,处处透露出一股清寂。

“宿望”可能来源于“宿愿”或者“希望”,“清寂”可能来源于“清冷”或“寂静”。二者都缺乏构词理据,属于生造词。

2. 仿造固有词义生造词语。例如:

感谢大康医院,我和我的抑友们在那得到了最好的治疗。

强烈建议有关部门制定一部狗法,规定养狗人士的权利和义务。

此处“抑友”的意思是共患抑郁症的朋友,仿造“病友”而来,但“病友”本就已经包括“抑友”了,再造一个新词显然没有必要,我们更不需要为害各种疾病的朋友都造一个“×友”出来。“狗法”仿造“婚姻法”“刑法”等法律名称而来,但这个名称太过笼统而不够明确,显得十分生硬,写作中应避免使用。

随着网络交际的频繁,网络新词层出不穷,它们多为谐音、错别字改成,也有象形字词,还会赋予词语新的含义。如:把“我”说成“偶”,把“看看”说成“康康”,把“这样子”说成“酱紫”,把“羡慕”说成“酸了”,赋予“佛系”不争不抢、不求输赢、不苛求、不在乎、不计较的新含义,等等。这类网络新词存在于网络空间,有一定的生动性和通俗性,但它们没有严格遵守构词法,大多是网友为表达自己的奇思妙想或者达到调侃、戏谑、讽刺、轰动等网络效应而随意“创造”的,不仅不够规范合理,且受众较小,生命力极为短暂。因此,我们在写作中应该谨慎使用,在一些特定文学作品中可以适当采用,但在政府文件、报刊杂志和教育教学等领域则应杜绝使用。

(四) 缩略词

缩略词是词语或词组的简缩形式,具有简明便捷的特点。我们在写作中,如何规范地使用缩略词,可以从两个方面进行把握。一是,缩略词自身是否规范;二是,使用得是否规范。

首先,规范的缩略词必须要简缩得当,不仅要能准确传递原词或原句的意思,还不能产生歧义。例如,我们说"公司新来的小张毕业于华师"。华师,究竟是华中师范大学,还是华东师范大学,还是华南师范大学,容易引起歧义、造成误解,如果非要使用缩略语,我们只能说华东师大、华中师大或者华南师大,以保证信息的完整性。

其次,我们在使用缩略词时对于一些非常见的缩略词,必须要在人们能准确理解的条件下使用,必要时还应当交代出简缩前的原形式。例如,我们在文章中如果反复提及某本书名,可在其第一次出现时给出该书全名,并在其后用括号注明"以下简称××"。如,"《说文解字》(以下简称《说文》)"。

现在,网络缩略词比比皆是,诸如"不明觉厉""细思极恐",让人一看还能大致理解其意思,而诸如"十动然拒""地命海心""社病我药",甚至是一些字母的缩略语如"awsl""zqsg""ssfd"则是完全让人不知所云,大大降低了语言的交际功能,也不利于语言的规范工作。然而,随着网络自媒体行业的繁荣,很多人似乎以使用这样新奇的语言为时尚,其中还不乏一些官方媒体,例如垦利区人民检察院头条号就曾发布过如下信息:"昨天的一条微博热搜,却让不少人直呼'爷青结'——'达芙妮宣布彻底退出实体零售'甚至一度冲到了热搜榜首位。"这句话真是让人茫然不解。我们在写作中或正式的社交场合应该避免使用这样的缩略词。

（五）方言词

普通话词汇是在北方方言的基础上发展起来的，北方话词汇是其主要来源，同时吸收了方言词汇中普遍的、表义所必需的词汇。在普通话的发展演变中，一些方言词汇如“搭档”“晓得”“雪糕”“蹩脚”“靓”“过硬”等，已被普通话所吸收，成为人们日常交际中普遍使用的词汇。而一些方言色彩浓厚、不易被多数人理解的词语，或者容易理解，但普通话中已有相当的同义词语，并未被普通话所吸收。这样的方言词，我们在写作中应避免使用。

为避免滥用方言词，我们需要注意四个方面。

一是不要随意使用未被普通话吸收的方言词汇。例如，不要把“胡说”说成“鬼扯”，把“土豆”说成“洋芋”，把“聊天”说成“策”，把“厉害”说成“尿性”，等等。

二是不要在普通话中夹杂方言词。例如，不要把“你来这里有什么事”写成“你来这里有啥子事”，不要把“你吃饭了吗”写成“你恰饭了没”。

三是不要使用方言中有特殊含义的词。例如，“你怎么那么苕？”“苕”在一些方言中用作形容词，表示“傻、笨”的意思，这是普通话中所没有的不规范用法。

四是不要用普通话同音字书写方言词。例如“故意”，在不同的方言区有不同的说法，将其用普通话同音字记录下来有“得登”“孤亿”“专登”“得为”，等等。这也是不符合规范的。

值得注意的是，对方言词进行规范，并不表示要绝对禁用未被普通话吸收的方言词汇。在文学作品中，为了刻画人物，描绘环境，适当地在人物对话中使用方言词是完全可行的。

（六）外来词

一种语言从别种语言里吸收进来的词语，对于本民族语言来说，就是外来词。汉语中诸如“刹那”“摩登”“革命”“马拉松”“雷达”等词语均是外来词。随着社会的发展，这些外来词早已完全融入汉语普通话，成为我们日常频繁使用的词语。但我们在写作中，对外来词的处理，仍需把握普遍性和必要性的原则，注意以下两点。

首先，不要滥用外来词。汉语词汇中已有词语能清楚、准确表达的事物，就不要用外来词。如“小提琴”，现在已不必学朱自清使用“梵婀玲”；“绅士”不用“尖头鳗”；“发动机”不用“马达”等。

其次，对于外国人名、地名和专有名词等外来词的译名，书写形式应力求统一。例如“New Zealand”，大陆译成“新西兰”，港台地区译成“纽西兰”，“巧克力”“朱古力”并行，“出租汽车”“计程车”并行，等等。我们在写作中应选用社会所普遍使用的，不可为了追求个性，使用不符合社会选择习惯的书写形式。

（七）古语词

现代汉语词汇继承和发展了古代汉语词汇。诸如山、水、田、左、右、哭等词语从古代沿用至今，词义没有发生任何变化，成为现代汉语的基本词汇，但随着历史的发展，还有很多古语词已经失去了生命力，成为历史词汇，有的虽未消失，其形、音、义却已经发生了变化。因此，写作中要合理、规范地使用古语词，做到准确、规范、合乎时代性。

首先，不要滥用生僻、晦涩、丧失了生命力的古语词。例如“窗外骚屑阵阵，让人胆战心惊。”“骚屑”古代指“风声”，现在已很少使用。又如“他染上沉疴，只能在家休养。”“沉疴”指重病，在日常交际中也较少用到。

其次，要准确理解古语词的意义，避免望文生义。例如：朋友家父与我家令尊常常相约喝酒聊天。“家父”是谦词，是对别人称呼自己的父亲，“令尊”是敬语，用来称呼他人的父亲，这里正好用反了。又如“这天真是太热了，真是七月流火。”“七月流火”是指天气转凉，而不是酷暑难耐。

以上就是我们在写作中使用规范词语应该注意的问题，我们要在日常说话和写作中树立规范意识，提高写作中用词的准确性。

（本节主撰：段雪璐）

语法规范（上）

语法规范（下）

第三节　语法规范

“语言文字是人类最重要的交际工具和信息载体，是文化的基础要素和鲜明标志，是促进历史发展和社会进步的重要力量。”[1] 说好普通话、用好规范字不仅是个体成长的要求，更是社会进步和时代发展的要求。无论是口头交际还是书面写作，要准确无误地传递信息，我们都应该注意语言表达的简明、准确和得体，也就是要注意语言表达的规范性及科学性。这就是我们所讲的“语言规范”问题，特别是语言中的“语法规范”问题。

一、语言规范的界定

语言规范是指使用某种语言的人所应共同遵守的语音、词汇、语法、书写等方面的标准和典范。而其中又以语法规范为重中之重。

我们现在所使用的语言称为“现代汉民族共同语”，即“现代汉语”或“普通话”。1955 年，中国科学院（中国社会科学院的前身）召开了现代汉语规范问题学术会议，1956 年 2 月 6 日国务院发布《关于推广普通话的指示》，确立了“现代汉语”的三项标准含义，即“以北京语音为标准音、以北方话[2] 为基础方言、以典范的现代白话文著作为语法规范”。这三项标准分别从语音、词汇和语法对现代汉语做出界定。

就语法规范而言，“典范的现代白话文著作”指的又是哪一些著作呢？

我们认为，“典范的现代白话文著作”主要包括三类文章：第一类是现当代著名作家的优秀白话文作品，如鲁迅、郭沫若、茅盾、巴金、老舍、钱锺书、朱自清、沈从文、冰心、叶圣陶等作家的作品；第二类是中央和国务院等行政部门发布的公文等，如

① 教育部语言文字应用管理司编：《国家中长期语言文字事业改革和发展规划纲要（2012—2020 年）》，语文出版社 2013 年版，序言第 1 页。

② “北方话”也叫“北方方言”。

《中华人民共和国宪法》《国家行政机关公文处理办法》等；第三类是各大类型报刊发表的时政类、文化类等文章，如《人民日报》《光明日报》《中国青年报》《中国文化报》等报刊文章。当然，无论是作家作品还是报刊文章，都是以一般用例作为语法规范。

二、语法规范的具体内容

要掌握语法规范的具体内容，我们必须首先知道什么是语法。

语法是指语言的组合规则。简单地讲，语言的组合规则就是一般意义上的语言习惯和事理逻辑。因而，语法规范是指遣词造句时要符合这些语言习惯和事理逻辑。那么，有哪些组合规则或者说语言习惯和事理逻辑呢？我们认为，涉及语法规范的主要语法规则包括词与词之间的搭配规则、词与词之间的排序规则、语句与语境之间的得体性规则、语句与语义之间的简明性规则、语句与事理逻辑之间的相宜性规则，等等。

（一）词与词之间的搭配规则

词的意义一般分为理性意义和色彩意义。其中理性意义是词的核心义，而色彩意义是词的附属义。理性意义有轻重、范围之分，感情色彩有褒贬、中性之分，因而都涉及搭配对象的不同。例如：

轻视—蔑视—藐视

这三个词都有“看不起”的意思。但是，“蔑视”的程度显然比“轻视”重，而“藐视”的程度又显然比“蔑视”重。

在与名词“权贵”搭配时，我们大多用“蔑视”，即“蔑视权贵”而不太用“轻视权贵”；

在与比赛的“对手”搭配时，用“轻视”比较好，比如“不要轻视你的对手”；而“蔑视”和“藐视”就显得程度过于重了。而在与战争中的“敌人”搭配时，其实这三者都可以，但是为了显示程度之重，我们一般用“藐视”。再如：

爱护—爱戴—爱惜

a. 那位“老戏骨”正亲切地看着小演员，目光中充满了关切，充满了<u>　爱护　</u>。

b. 李子柒亲手做的蚕丝被，阿婆用得格外舒适，也格外<u>　爱惜　</u>。

c. 那是一首标志着学生对老师衷心<u>　爱戴　</u>的歌。

“爱护”是用于对人或事物的保护，用于人时，主要是上对下，即长辈对晚辈或上级对下级；用于事物时，多指机器、国家财产和名誉等。“爱戴”只用于人，且限于下对上、群众对领袖等。“爱惜”只用于珍惜会消耗掉的东西，如时间、生命、粮食等。可见，这三个词在使用范围上存在不同。

其他还有“违背”和“违反”、“请求”和“恳求”、“努力”和“竭力”、“失望”和“绝望”、“希望”和“渴望”等，在使用对象或者范围都有不同。

下面我们讲词的感情色彩意义。我们知道，尽管色彩意义是附属义，但是也是融合在词义中的一个重要组成部分。词语的感情色彩丰富了词义的内涵，提高了语言的表达效果和艺术张力。例如：

成果—结果—后果

这三个词都有“结局”的意思，但三者分别属于褒义词、中性词和贬义词，因此在适合语境和使用范围上也存在很大不同。其他的意义相近但属于褒贬不同的如“果断”和“武断”、“自信”和“自负”、“志存高远”和“好高骛远”、“神机妙算”和“阴谋诡计”、“能屈能伸”和“委曲求全”等，因而在使用时搭配的对象不同。还有的不一定有褒贬上的对立的两个词语，就单个词也能显现出是褒义词还是贬义词，前者如“斗志昂扬”“舍己为人”“百折不挠”“雪中送炭”等，后者如“耀武扬威”“气势汹汹”“过河拆桥”等。

再来看词的组合搭配。实词在句子中充当句法成分，因而词与词的搭配还涉及词所充当的句法成分之间的搭配问题，如主谓之间、动宾之间、主宾之间、定中之间等，因此它们之间的组合搭配也要符合语言习惯和逻辑事理。例如：

a. 秋天的北京是最美的季节。

b. 苏联小说《钢铁是怎样炼成的》塑造了共产党员保尔·柯察金的英雄事迹。

句 a 中，主语是“秋天的北京”，而宾语是“最美的季节”，显然这里“北京是季节”是主宾之间的搭配不当。我们可以改为“北京的秋天是最美的季节”。句 b 中，谓语是“塑造”，而宾语是“共产党员保尔·柯察金的英雄事迹”，“事迹”怎么能“塑造”呢？应该改为“人物”。又如：

a. 我们有吃苦耐劳的人民，又有优裕的自然资源。

b. 他那崇高的革命品质，经常浮现在我的脑海中。

句 a 中，“优裕的自然资源”是定中之间的搭配不当，一般的搭配是“优裕的生活条件”和“丰富的自然资源”。句 b 中，“革命品质”是一种抽象概念，怎么会浮现在脑海中呢？

以上我们只是简单地讲到词与词之间的几种搭配问题，主要有理性意义轻重带来的搭配对象不同、感情色彩褒贬带来的搭配对象不同、组合关系带来的搭配对象不同，等等。

（二）词与词之间的排序规则

词语在表达习惯上都有一定的排列顺序，因此各个成分之间的语序是很重要的一种语言手段。我们这里只谈多项定语和多项状语的语序问题。例如：

她是一位篮球女教练。

这个句子是不符合语言习惯或者排序规则的，问题出现在多项定语的排序上，应该改为：她是一位女篮球教练。也就是说，当定语出现很多时，会出现多项定语的排列顺序问题。那么，多项定语是如何排列顺序的呢？来看这个例子：

她是____________________教练。

①优秀的　②有二十多年教学经验的　③江西财经大学的

④篮球　⑤女　⑥一位

我们知道，“优秀（的）”是形容词，表性质；“有二十多年教学经验（的）”是动词短语，表存在；“江西财经大学（的）”是专名，表领属；“篮球（教练）”是名词，表属性；“女（教练）”是区别词/形容词，也表属性；“一位（教练）”是数量短语，表数量。

我们总结了这些定语的语序规则，即“领属性的词（表谁的、哪里的）+时间、处所的+数量性的词（表多少）+动词或动词短语（表怎样的）+形容词或形容词短语+表性质的名词（属性）（+中心语）”。识记口诀：定领时数动形名，有“的”在前无“的”后。所以，这个句子符合语言习惯的排序是：

她是<u>③江西财经大学的 ⑥一位 ②有二十多年教学经验的 ①优秀的 ⑤女 ④篮球</u>教练。

下面我们来看多项状语的排序问题。请看例句：

我们如果把这本书不认真读好，就谈不上读别的书了。

这个句子就涉及多项状语的排序问题，应该改为：我们如果不认真把这本书读好。也就是说，当状语出现很多时，会出现多项状语的排列顺序问题。那么多项状语是如何排列顺序的呢？请看例句：

那位失主________________点了一首歌。

①在电视台　②为表谢意　③为小赵

④诚挚地　⑤昨天　⑥又

“在电视台”是介宾短语，表地点处所；“为表谢意”也是介宾短语，表目的；“为小赵”也是介宾短语，表对象；“诚挚地”是“形容词+地”，表情状；“昨天”是名词，表时间；“又”是副词，表重复。我们总结了这些状语的语序规则，即“表原因或目的的短语+时间+地点处所+副词+形容词+表对象的介宾短语（+中心语）”，识记口诀：状原时地副形介。所以，这个句子符合语言习惯的排序是：

那位失主<u>②为表谢意 ⑤昨天 ①在电视台 ⑥又 ④诚挚地 ③为小赵</u>点了一首歌。

以上我们只是简单地讲到多项定语之间、多项状语之间的排序问题。当然，语序的不同有时也会带来一些表达上的神奇效果。例如：

a. 活着是为了吃饭 VS 吃饭是为了活着

b. 屡败屡战 VS 屡战屡败

“活着是为了吃饭”和“吃饭是为了活着”的词语都相同，但是语序不同。语序的不同却带来两种完全不同的生活态度：前者表明一种消极的认识，活下来只是为了吃一口饭而已；而后者是一种积极态度，活着还有另外美好的追求。后一句也有两种截然不同的表达效果。

（三）语句与语境之间的得体性规则

所谓得体，就是所说的话要适合语言环境，恰如其分。那么，怎样才能做到说话得体、符合规范呢？

首先，看准对象，掌握分寸。说话和写作都应该首先看对象是谁，充分考虑对象的性别、年龄、身份、职业、文化层次、心理情绪、生活经验，甚至还有亲疏关系等。陈丛耘的《现代汉语修辞术》里记录了这样一个故事：

从前有个秀才到集市上去买柴，他对挑柴的客气地说：“荷薪者过来。”挑夫只听懂了“过来”二个字，就过去了。秀才又问：“价钱几何？”挑夫只听懂“价钱”二个字，就开了个价。秀才于是讨价还价了：“外实而内虚，烟多而焰少，请损之。”这回挑夫怎么也听不懂，于是挑起柴火走了。秀才很尴尬。

秀才的话文雅而精巧，但是并没有考虑到说话对象是平民百姓，因此难以达到交际的目的。

其次，分清场合，巧妙用语。不同的场合说不同的话，环境场合一般分为正式场合、工作场合、生活场合和娱乐场合四种。正式场合中，说话要庄重、规范，多用书面语；工作场合中，说话准确、简要，多用术语；生活场合中，说话自然、灵活，多用口语；娱乐场合，说话风趣、生动。有一次，小沈阳夫妇在江苏卫视节目现场表演二人转。二人演完时，观众掌声未息，节目主持人赵丹军来搭话，结果小沈阳来了一句他常在舞台上说的玩笑话——“臭不要脸的”。这句话让赵丹军当场红了脸。她坐下来后，生气地对小沈阳说："你得给我道歉。你不道歉，这节目就不录了。"现场气氛顿时凉了下来。小沈阳夫妻非常尴尬，不知道说什么好。赵丹军立即宣布此环节结束，先行离场了。小沈阳的"臭不要脸的"，如果放在舞台表演中可能会让观众捧腹大笑，但这时已然不是表演，而是与主持人的对话交流。属于工作场合而非插科打诨的娱乐场合。场合不分，用语不对，气氛也就尴尬了。

（四）语句与语义之间的简明性规则

简明，自然是在意义上做到简要、明白，即用较少的文字把主要的意思说出来，不重复、不啰唆也不会令人费解或误解，或者就是言简意赅。请看例句：

据说，秦始皇每天批阅的简牍文书有120斤重。西汉的时候，东方朔给汉武帝写了一篇文章，用了3 000片竹简，是由两名身强力壮的武士抬到宫廷里面去的。汉武帝把竹简一片一片地解下来看，足足用了两个月的时间才看完。[①]

最后一句是顺着第三句说下来的，并不全是说明"笨重""不方便"的，因此偏离中心，删掉后语言会更加简明。再如：

最近我发现，鱼尾纹已悄然爬上了妈妈的眼角。我拿出了平日好不容易积攒下来的零用钱，跑到商店里，想给妈妈买支眼霜。各种品牌的眼霜看得我眼花缭乱，昂贵的价格更让我感到囊中羞涩。我想，眼霜那么贵，利润一定很高，看来卖化妆品能挣不少钱呢！最后，我只好失落地走出了商店。[②]

这段话的中心意思是想表达："我"去商店里给妈妈买眼霜，表现对妈妈的感恩之情。显然，其中"我想，眼霜那么贵，利润一定很高，看来卖化妆品能挣不少钱呢！"偏离了段落中心，分散了叙事主题，显得语段啰里啰唆，可以删去。

---

① 转引自宋园园主编：《大学语文》，上海交通大学出版社2010年版，第102—103页。

② 温儒敏总主编：《义务教育教科书　语文　七年级　下》，人民教育出版社2019年版，第151页。

（五）语句与事理逻辑之间的相宜性规则

说话和写文章要符合常理，不能出现自相矛盾、主客颠倒和强拉因果等违反事理逻辑的情况。例如：

a. 过了一会儿，汽车突然渐渐地停下来了。

b. 在那个时候，报纸与我接触的机会是很少的。

c. 周先生早年积极投身五四运动，所以最终成为蜚声海内外的著名学者和历史学家。

句 a 中，“突然”和“渐渐”互相矛盾。

在事件中，人往往是行为动作的主体，而事物往往是客体，是对象。句 b 中，是人去接触事物而不是事物来接触人，因此应该改为“我与报纸的接触”，否则便主客颠倒。

句 c 中，后半句有连词“所以”，所以前后分句应该是因果关系，但是“早年积极投身‘五四’运动”和“最终成为蜚声海内外的著名学者和历史学家”之间显然并不构成因果关系。如果后半句改为“最终成为坚定的革命家”就比较符合逻辑事理。

以上，我们讲解了语言规范中的“语法规范”，主要讲的是词与词之间的搭配规则、词与词之间的排序规则、语句与语境的得体性规则、语句与语义的简明性规则、语句与事理逻辑的相宜性规则等。

语言并不是一成不变的，是随着社会的发展而不断发展的。尽管我们不必完全遵照所有的既定规则去说话和写文章，但是要准确无误地传递信息，要对方准确无误地理解信息，还是一定要注意语言的规范性及科学性。

（本节主撰：余义兵）

第四节　标点规范

标点规范

根据阿尔维托·曼古埃尔在《阅读史》中的介绍，在西方，古时写在卷轴上的文章，既未将各个文字予以分开，也没有区分大、小写，更未使用标点符号。标点，传统上被认为是公元前两百年左右，由拜占庭的阿里斯托芬发明的。其后，在缮写房工作的僧侣运用了一种原始的标点形式将文章内容以意义分行,这一书写方法被称为 per cola et commata。到了 9 世纪,缮写房里的抄写员开始将每个字与其彼此几乎交错的邻字分开,以让文本更易于细读。约略同时,爱尔兰抄写员不只开始将言说的各构成部分予以分离,还把句子中的文法单元给分离出来,同时也引介了许多我们现今使用的标点符号。①

在我国,最初用以表示文中停顿方法的是出现于汉代的"句读"(jù dòu)。古人曾用"√"、圆圈或点表达此处为一个相对完整的意思,是一句,谓之"句";用"、"表示自然小停顿、小间隔,谓之"读"。到了宋代,读(dòu)号仍为"、",句号则变为圆圈或点。我幼年时,家中还藏有不少草纸质地、毛笔抄写、棉线缝边的古医学书籍。文字皆为竖排,字旁错落布列着大抵规则的红色小圈,像是吸管口沾了红色印泥盖上去的。祖父告知,这是戳印,是抄写后再另行添加的,目的是帮助阅读者断句。中学时,我学到韩愈的《师说》,读到"句读之不知"一句,想起幼年时与祖父的对话,刹那间有一种"哦,我见过、知道"的唤醒和触动。后来又得知,这种以朱墨打上小圆圈的做法起于唐朝,叫做"朱墨围"。围书即圈书,并在宋元时代流行起来。不过,传统的句读只能帮助读者疏通文句和适时停顿,并不像新式标点那般功能多样。我国新式标点是模仿西方国家的书写习惯而借用的,直到清末才开始使用。目前,我们使用的是 2011 年 12 月 30 日由国家质量监督检验检疫总局、国家标准化管理委员会发布的,自 2012 年 6 月 1 日起实施的中华人民共和国国家标准《标点符号用法》(GB/T 15834—2011)。

吕叔湘、朱德熙在《语法修辞讲话》中谈到:"我们必须首先有一个认识:标点符号是文字里面的有机的部分,不是外面加上去的。它跟旧式的句读号不同,不仅仅是怕读者读不断,给它指点指点的。每一个标点符号有一个独特的作用,说它们是另

① 参见[加拿大]阿尔维托·曼古埃尔:《阅读史》,吴昌杰译,商务印书馆 2002 年版,第 58—60 页。

一形式的虚字，也不为过分。应该把它们和'和''的''呢''吗'同样看待，用与不用，用在哪里，都值得斟酌一番。起腹稿的时候，应该想到词语就同时想到标点；动笔写的时候，也是连文字带标点往纸上写。特别重要的是要有句子的观念。要想好这个句子到哪个字为止，然后动笔写第一个字，写完了用句号打住。"①

然而，在实际的写作实践中，人们对标点符号的重视程度往往低于字词，甚至有不少人习惯于"一逗到底"，或仅使用点号，鲜用标号。究其因，除去写作者的惰性因素外，最关键的恐怕还是对标点的作用、意涵和修辞效果不够理解。此外，如果说能否正确地分段，能从一定程度上反映写作者对文章结构的把握能力；那么，能否正确地使用标点，则能从一定程度上反映写作者对句子内部和句子之间逻辑关系的理解能力。因此，和语言文字一样，标点问题在本质上同样反映写作者的思维水平。接下来，我们就首先从标点的分类说起。唯有认知、熟知它们，方可能准确、灵活地运用它们。

一、标点符号的种类

按照新国标《标点符号用法》的规定，常用的标点符号有 17 种，其中点号 7 种，标号 10 种。点号又分为句末点号和句内点号。

句末点号 3 种：句号（。）、问号（？）、叹号（！）

句内点号 4 种：顿号（、）、逗号（，）、分号（；）、冒号（：）

标号 10 种：引号（"　"　'　'）、括号（（ ））、破折号（——）、省略号（……）、着重号（.）、连接号（—　~　-）、间隔号（·）、书名号（《》〈〉）、专名号（__）、分隔号（/）

点号的作用是点断，主要表示停顿和语气；标号的作用是标明，主要是标示某些词语的特定性质和作用。

二、标点符号的作用

（一）停顿功能

说话要有停顿，这既是换气的需要，也是分清语言层次的需

① 吕叔湘、朱德熙：《语法修辞讲话》，商务印书馆 2013 年版，第 282—283 页。

要。需特别说明的是，在文学作品中会存在特殊的情况。比如在福克纳的《喧哗与骚动》中，作者为了表现昆丁死亡前紧张的情绪和他翻飞的思绪，在长达十多页的描写中一个标点也没用。此时，我们就不能用一般的标点符号规范去认知作品了。无标点成为了这一章的写作特色，倾注了作者独特的艺术设计和创意。

（二）语气功能

我们说话时是有句调变化的。为在书面语中保留这些语气，就需要用上标点符号，句末标点就往往承担此任务。例如：

你来了。

你来了？

你来了！

都是“你来了”三个字，第一个是陈述语气，第二个是疑问语气，第三个是感叹语气。语气的区分是依靠标点符号来实现的。

（三）定性功能

定性功能是标号的重要功能之一。比如书名号可以表明指代对象是作品。例如：

我知道《红高粱》。

我知道红高粱。

都是“我知道红高粱”六个字，第一个句子表明的是自己知道莫言《红高粱》这本小说，后一个句子表明的是我知道红高粱这么一种作物，意义完全不同。

（四）辅助说明

辅助功能也是标号的重要功能之一。比如话剧中用括号来表示对人物动作、神态等的交代、描写。例如：

邓肯　你的叙述和你的伤口一样，都表现出一个战士的精神。来，把他送到军医那儿去。（侍从扶军曹下。）①

---

① ［英］威廉·莎士比亚：《莎士比亚全集（Ⅶ）》，朱生豪译，中国文史出版社 2013 年版，第 86 页。

（五）修辞功能

陈望道在《标点之革新》中说道："标点可以神文字之用。"[1]巧妙灵活地运用标点符号，往往可以使读者产生丰富的联想，使语言表达得更为生动、形象、鲜明。例如：

鲁侍萍　（大哭起来）哦，这真是一群强盗！（走至周萍面前，抽咽）你是萍，——凭，——凭什么打我的儿子？[2]

这里的逗号、破折号，表现了鲁侍萍欲言又止的复杂心理。语音的停顿，既是对相认的掩饰，也是她艰难选择后的话语策略。

（六）简化功能

省略号还有简化表达的作用，这种情况在进行列举的句子中十分常见。例如：

这座花园里种有各种各样的花，有郁金香、玫瑰、紫罗兰、雏菊……

省略号后面的内容，读者可以通过联想来加以补充。在这里，省略号表达的是"等"或者"等等"的意思。

在了解了标点符号的主要分类与功能之后，我们一同来看一看易误用的标点。

三、标点符号误用示例

（一）句末点号误用示例

1. 句号的误用

（1）一些成对使用的关联词语之间误用句号。例如：

如果你不能在周三之前完成这份工作。那么就在周四离职吧。

"如果……那么……"是一对成对使用的关联词，中间不能用句号。

（2）调查问卷及考试题目等的选项末尾误用句号。例如：

① 陈望道：《标点之革新》，《陈望道语言学论文集》，商务印书馆2009年版，第3页。

② 曹禺：《雷雨》，转引自龙泉明主编：《中国现代文学经典1917—2012》（第二版），北京大学出版社2014年版，第93页。

下列选项说法正确的是(　　)。

A. 三角形内角和为180度。

B. 三角形任意两边之和等于第三条边。

C. 三角形不具有稳定性。

D. 平行四边形内角和为270度。

上述选项末尾的句号都应去掉。

2. 问号的误用

(1)疑问句主谓倒置或称呼后置时误用问号。例如:

明天来吗? 你。

应该把问号改为逗号,句末再用问号。

(2)在该用句号的地方误用问号。例如:

你想问问他为什么不能留下来工作?

这里虽然有“为什么”这样一个疑问词,但整个句子并非疑问句,故而不能使用问号。

3. 感叹号的误用

感叹句与祈使句在主谓倒置时误用感叹号。例如:

多么开心啊! 这些孩子。

应把感叹号改为逗号,句末再用感叹号。

(二) 句内点号误用示例

1. 顿号的误用

(1)分句之间的停顿误用顿号。例如:

那几天,他心情很糟糕,不吃、不喝、不洗、不说。

这里的四个“不”,在语法结构上是四个分句,表停顿只能用逗号。

(2)在做谓语的并列动词或并列短语之间误用顿号。例如:

他爱阅读、爱音乐、爱运动,有很多元的兴趣。

“爱阅读”“爱音乐”“爱运动”都是动宾短语,共同充当“他”的谓语;因此,这里的顿号应改为逗号。

(3)在带有引号、书名号的并列成分之间误用顿号。例如:

江西财经大学麦庐园校区各建筑被取名为“群庐”、“英庐”、“荟庐”、“萃庐”、“宁庐”、“静庐”、“祥庐”、“和庐”……

这里的顿号应该删去。

2. 逗号的误用

(1)在独立的引文之前误用逗号。例如：

我对她说，“明天可以晚点来学校。”

引号中间的话是完整的，句号在引号内，此为独立引文，故此处的逗号应该改为冒号。

(2)在介词构成的句子成分中间误用逗号。例如：

《环境保护法》的修订，对大气污染防治法、水污染防治法、土壤污染防治法的制定或修订，都将起到积极的促进作用。

“对什么怎么样”属于介词构成的句子成分。因此，“都”字前面的逗号应该删掉。

3. 分号的误用

(1)单句排比时误用分号。例如：

这里的春天是鲜花的海洋；这里的夏天是小鸟的天堂；这里的秋天是果实的家园；这里的冬天是冰雪的广场。

《图书编校质量差错认定细则(2018 年修订版)》第二十七条对分号的使用给出了这样三条原则：“其一，从层次上看：句号 > 分号 > 逗号 > 顿号；其二，分号不用在普通单句中；其三，分号一般用在并列复句里，被分号隔开的各分句中，至少应当有一组内部有逗号。”因此，应将分号改为逗号。

(2)句号后误用分号。例如：

如何应对新型冠状病毒感染，应该注意以下几点。第一点，应该充分保持自身免疫力的强大。尽量不要熬夜、避免过度饮酒、过度疲劳，这样才能保证自身免疫力的强大；第二点，尽量避免接触有可能有病毒传染的环境。应避免到人群聚集的地方；第三点，应该做好自身的防护。当出门到人多的地方去时，尽量戴好口罩，这样可以有效的避免病毒传播；第四点，当在家中时，建议及时通风；第五点，应该保持手卫生。通常的接触传播往往通过手传播，要按照规范的七步洗手法勤洗手。

句号是句末标点，而分号是句内标点。句号后再接分号来进行各个要点的并列陈述，有悖于标点符号使用的基本规则。将每一点的句号改为逗号即可纠正错误。

4. 冒号的误用

(1) 冒号的重叠误用。例如：

心理学研究表明：影响儿童心理发展有三个重要因素：遗传、环境和教育。

冒号不可重叠使用，可将第一个冒号改为逗号。

根据新国标，“在列举式或条文式表述中，如果不得不套用冒号时，宜另起段落来显示各个层次”。例如：

第十条　遗产按照下列顺序继承：

第一顺序：配偶、子女、父母

第二顺序：兄弟姐妹、祖父母、外祖父母

(2) 在“即”“如”等字前面误用冒号。例如：

塑造人物形象可通过这样几个方面：即外貌、语言、行动、心理活动。

“即”“如”本身有提示下文的作用，可采用删掉该字的办法，或将冒号改为逗号，再在该字后加冒号。

(三) 标号的误用示例

1. 破折号的误用

(1) 同位语中间误用破折号。例如：

这既不是纯净水，也不是矿泉水，而是白酒——国窖或习酒。

“白酒”与“国窖或习酒”是同位语，应该删掉破折号。

(2) 将括号误用为破折号。例如：

本书根据2011年12月30日发布的国家标准《标点符号用法》——GB/T 15834–2011编写。

这里的“GB/T 15834–2011”指的是标准号，是对《标点符号用法》的补充交代。因此，应该将破折号改为括号。

2. 连接号的误用

(1) 在标示数值或量值范围的起止时误用一字线。例如：

近十年，这里的年降水量在997.4—1038.2毫米。

应该将一字线改为波浪线（～）

（2）在连接门牌号、电话号、阿拉伯数字标示的时间、国际标准书号、产品型号时误用一字线。例如：

北京东路阳光小区26—1—1703室

收稿日期：2020—05—08

ISBN：978—7—80103—750—3

格力KFR—35GW/（35570）Ca—3

上述一字线均应改为短横线（-）

（3）在标示标本、表格等编号中误用波浪线。例如：

石英斑岩Y3～4～01

表1～5

这里的波浪线应该改为短横线（-）

为了方便大家记忆，我们这里稍作小结：表地点、时间起止时，用一字线；表数值、量值起止时，用波浪线；表具有特定意义的词组或代号时，用短横线。

除了使用规范，大家还应该注意标点符号的书写规范。尽管我们在电脑word文档中进行输入时，标点符号一般会按照既定的软件程序帮我们正确排版，但在纸质书写中，我们还得靠自己去把握。

四、标点的书写规范

（一）点号的书写规范

1. 所有的点号（句号、问号、叹号、顿号、逗号、分号、冒号）一律不能置于一行的开头，需挤入上一行的末尾。

2. 问号与叹号连用，或两个问号、两个叹号连用时，占一个字位置。三个问号或叹号连用时，占两个字位置。

（二）标号的书写规范

1. 前（上）引号、前括号、前书名号不出现在一行的末尾。

2. 后（下）引号、后括号、后书名号不出现在一行的开头。

3. 省略号、破折号都应占两个字的位置，不能拆为两半置于两行。

最后要说的是，规范地使用标点符号需要记忆与理解，而创意性地使用标点符号则更需要技巧的掌握与灵感的生发，文学性写作尤其如此。

（本节主撰：黄海燕）

格式规范

第五节　格式规范

文章的格式包括文体格式和排版格式。文体格式，意思是某一种文体，比如新闻报道中的消息、学术论文、书信，还有各种应用文等，其内容的组织是有一套固定模式的。排版格式，不是说所有文章排版时都要按照一个固定模式，而是说文章排版要做到整齐、易读、美观。

一、文体格式

文体多种多样，特殊的文体有特殊的格式要求，难以尽述。此处仅以学术论文写作为例作简要说明。

一篇学术论文大致要包括以下组成部分：

（一）标题（副标题）

标题应简洁、明确地概括论题或论点，主标题字数在 20 个左右。

（二）作者

作者姓名和工作单位一般置于标题之后，摘要之前。此外，还要以脚注的方式说明作者的出生年月、籍贯、专业技术职务、学历学位、研究方向、联系方式等信息。

（三）摘要和关键词

摘要应以第三人称的方式，简明扼要地概括介绍全文的主要内容和主要观点，围绕“研究什么”“如何研究”“研究有哪些发现”等问题来写，200 ~ 300 字。摘要写作应直截了当，不要穿靴戴帽，研究背景之类的内容不要写到摘要中。

关键词应选取 3 ~ 5 个最能表达论文核心内容的词语。

摘要和关键词还可能要根据期刊的用稿要求，翻译成英文。

从学生论文实际情况看，很多同学都不会写摘要。始终要注意，摘要的"要"指的是"要点"，即论文的主要内容和主要观点。很多人在摘要中写的偏偏不是要点。一个最为常见的问题是，把大量的研究背景写入摘要之中，最后仅用一句话说本文研究了什么。这样的摘要是不合格的。

（四）正文

正文通常包括引言、文献综述、研究方法、研究假设、数据分析、研究结果、讨论、结语等，篇幅在数千到数万不等。

（五）致谢

如果在完成论文的过程中，得到了其他人的指导或协助，通常要在文末表达感谢。视论文篇幅，致谢可长可短。

（六）注释

注释指的是以脚注或尾注的方式，对文中的专业术语、疑点难点或其他作者认为需要说明的问题进行的解释说明。

（七）参考文献

在文末，我们按一定的顺序把写作过程中参考过的专著、论文及其他资料一一列出，这就是参考文献。参考文献的基本内容包括著者姓名、文献名（标明文献标识码）、出版 / 发表单位和出版 / 发表时间等。不同类型的文献格式也不同，具体可参照《信息与文献参考文献著录规则》（GB/T 7714–2015）。

（八）附录（可选）

附录指的是最后附上的与论文有关的资料，比如调查问卷等。

以上是一篇学术论文常见的组成部分，有些杂志对上述各组成部分，还有字体、字号、行距、是否加粗等要求。

在格式上最容易出问题的就是参考文献，以致每提及格式，大家最先想到的就是参考文献格式。关于参考文献的格式，除了有"国标"之外，不同的杂志可能有不同的规定，可谓五花八门。投稿之前，务必要熟悉目标期刊的规定，并对照该规定一一修改。

以上所说仅仅是学术论文，其他文体格式没有涉及，而其实很多文体都是有格式要求的。不过，格式并非难事，也不需要全都牢记，重要的是要养成格式的意识。有了格式意识，写作某种文体时自然就会想到有个格式问题。即使不知道这个格式是什么样子，也没有关系。书上、网上可以很容易查到，找到范文参考一下即可。

二、排版格式

用 word 文档写东西，排版也有格式吗？这个倒不像文体格式那么严格。前面说到，某一种文体，比如学术论文，其内容是按一套固定模式组织起来的。这里用“排版格式”这个概念，意指打字排版时要注意一些基本规范，以保证版面整齐、易读、美观。事实上，有些人在使用 word 文档时，排版是没有什么规范的，结果是混乱、难看，叫人毫无阅读兴趣。相反，一个好的排版会让人眼前一亮，忍不住多看几眼。

（一）标题序号

标题序号是个很重要的问题，因为它不仅仅表达顺序，还意味着逻辑层次。如果标题序号错误，那么别人可能读不通你的文章。约定俗成的标题序号有三种常见格式，以一篇文章的第一部分为例，示例如表 2–1：

表 2–1　标题序号的三种常见格式

	第一种	第二种	第三种
一级标题	一、××××	1.××××	第一章 ××××
二级标题	（一）××××	1.1××××	第一节 ××××
三级标题	1.××××	1.1.1××××	一、××××
四级标题	(1)××××	1.1.1.1××××	1.××××

上述三种格式都是约定俗成，正式出版物上一般都是这样编排标题序号的，一看序号就知道各部分之间的逻辑关系。容易出现的问题，一是各级标题序号编排错误，比如第一种，把一级标题序号标为“1.”，二级标题序号又标为“一、”；二是相互之

间“混合使用”，比如把其中的某两种格式搅和到了一起。

（二）前后一致

前后一致是排版的基本原则之一，指的是同一篇文章前面和后面相对应的部分在字体、字号、行距、空格、空行、加粗等格式上要完全一致，不然就会给人过于随意、不够严谨的感觉。版式上前后一致，才能使页面变得统一并具有整体性。

在具体实践中，有些人就没有前后一致的意识。比如，前面是宋体字，后面又用楷体字；前面是小四号字，后面却变成了五号字；前面是 20 磅的行距，后面又变成了 22 磅……

进一步说，前后一致不仅仅是格式问题，其他方面也要注意这个原则。比如概念前后要一致，专有名词前后要一致，人名前后要一致，等等。

（三）表格和图片排版

表格和图片是排版问题的“重灾区”，尤其是表格，有些人 word 中插入的表格简直惨不忍睹，这是因为表格的排版比纯文字排版更有难度。

表格排版问题中最为多见的现象之一是违背“整页设计”原则，出现“半拉子表格”，即一个 word 页面只有半页表格，再无别的东西。半拉子表格出现有两个原因，一是表格本来就不长，表格后面也没有别的内容，此时的解决方法是把表格拉长，排满整页。二是表格过长，一页排不下，自动溢到下一页，但两页又排不满，于是前后两页都是半拉子表格加大量空白，页面非常难看。如何解决要看具体情况，如果表格不是很长，只有很少部分溢到下一页，那么可以把表格中文字的字号调小（注意，表格中的文字字号通常比表格外面的字号小一号），行距调小，表格加宽，使表格尽量排到一页。如果表格比较长，怎么调都很难排到一页，那干脆把表格做得更长，排满两整页，同时仍要坚持整页设计的原则，并注意“跨页断行”的问题。

大型表格必然要跨页排版。如果在跨页处的行高很大，该行中有一大段文字，一页中排不下，那么这个有大段文字的整行就会自动跳到下一页，从而给上一页的底部留下较多空白，造成不美观。此时就需要设置“跨页断行”，即允许这个有大段文字的整行从中间断开，分别排版在上一页的底部和下一页的顶部，从而解决上一页底部留下大量空白的问题。

跨页断行的设置方法：选中整个表格，用鼠标右键点击表格，选择“表格属性”。在表格属性对话框中选择“行”的页面，勾选“允许跨页断行”，确定即可。

如果文中有多个表格，则每个表格都要有序号。每个表格都应有标题。表序号可以全文顺序编号，也可以分章节顺序编号。表标题放在表格顶端。

横向表格一般居中排版，不设置“文字环绕”。竖向表格可设置“文字环绕”，一页中如果只有一个表格，则把表格排在页面切口。如果有两个以上的表格，则把第一个表格排在切口，第二个排在订口，依次交叉排版。

图片排版比表格简单，没有跨页断行问题。只需要根据具体情况调整图片大小和位置。一页中有多个图片时，排版与表格一样，第一个排切口，第二个排订口，依次交叉。图序号与表序号编排方法一样。但图标题与表标题位置不同，一般而言，图标题放在图片下方。

（四）排版需要注意的其他问题

1. 空格

中英文之间需要加空格，中文与数字之间需要加空格。“首行缩进”在 word 软件的“段落”功能中有专门的设置方法，不要简单地敲空格键，用空格代替。

2. “事不过三”

色彩、字体、字号不能过多，控制在三种以内。这跟人穿衣打扮是一个道理，身上的颜色不要过多，否则给人花里胡哨的感觉。

3. 留白

留白是简单实用的版面美化方法。该空行要空行，该分段要分段，不能从头到尾都是黑压压的一片文字。适当设置行距，段前或段后的行距可以比段中加大一点（同样，在 word 软件的“段落”功能中有专门的设置方法，不是简单地敲回车键）。

4. 单字控制与孤行控制

避免单行只出现一个字和单页只出现一行字的情况。删减内容、调整字号、调整行距可解决这些问题。还要避免标题在上一页的最后一行，而正文在下一页的排版。出现这种情况，只要在标题前打回车键，把标题推到下一页即可。

5. 突出重点

排版若无主次关系，视觉上就会平淡无奇。一篇文章中总有一些重点词语或重点语句，比如各部分的小标题。突出重点的方法无非是改变字体、放大字号并加粗、加大前后行距等。

排版出现的问题可以分为两类，一类是缺乏审美意识，加上态度马虎，导致格式难看。针对这类问题，建议大家写完一篇作品时，除了认真完善内容之外，还不妨再问一句：“排版有问题吗，美观吗？”另一类是 office 软件不熟练，word 文档的很多功能不会用。这个也很简单，现在网上教学、网上资料有很多，遇到问题搜索一下，很容易找到答案。

（本节主撰：吴　辉）

思考与训练

1. 观察与记录（可拍照留存、分享）社会上的不规范用字、用词现象和语法、标点错误，并对这些不规范与错误进行分析、修改。

2. 举例谈谈文学作品中那些“不规范”的标点所隐藏的修辞意味和审美效果。

推荐书目

（一）初级阅读

1.《中华人民共和国国家通用语言文字法》（2000 年 10 月

31日第九届全国人民代表大会常务委员会第十八次会议通过)。

2. 吕冀平主编:《当前我国语言文字的规范化问题》,上海教育出版社1999年版。

3. 王兴全、方忠编著:《现代出版物语言文字使用规范》,电子科技大学出版社2014年版。

4.《咬文嚼字》杂志社:《咬文嚼字》(月刊),上海文化出版社。

5. 夏侯炳:《行文规范200题》,江西教育出版社2018年版。

6. 中华人民共和国国家标准《标点符号用法》(GB/T 15834–2011)。

7. 兰宾汉:《标点符号用法手册》,商务印书馆国际有限公司2015年版。

8. 郑爱民、丁义浩:《标点符号规范用法19讲》,北京大学出版社2016年版。

(二)进阶阅读

1. 刘兴策:《语言规范精要》,华中师范大学出版社1999年版。

2. 夏侯炳:《规范行文大全》,二十一世纪出版社2013年版。

3. 吕叔湘、朱德熙:《语法修辞讲话》,商务印书馆2013年版。

阅读，是写作的起点。蒲实、陈赛在《大学的精神》里写道，在耶鲁，如果有哪个学生过来问那些老教授，如何才能写出好文章来，老教授们只会用瘦骨嶙峋的指头指着图书馆里的一排排书说："去读狄更斯，去读福克纳，学习写作最好的方式就是阅读。"[①] 阅读，让我们得以和他人的思想与灵魂对话，它帮助我们去了解那些原本不熟知的历史、风土、人情，去理解原本充满困惑的现象和问题。阿尔维托·曼古埃尔说："阅读，几乎就如同呼吸一般，是我们的基本功能。……一个社会可以没有书写而存在……但是没有社会可以缺乏阅读而存在。"[②] 阅读，终将为我们的写作与人生赋能！

可是，这世上的好书如此之多，我们应该读什么，又应该如何读呢？前一个问题似乎是比较有共识的。那就是读好书、读经典。至于如何读，不同的文本当有不同的进入方式；而阅读的目的不同，阅读的方法也应该不同。不可否认的是，我们这一生中总难免会怀抱功利之心去读书——为了眼下暂时的某种意义上的"有用"。但我们更应该坚持超功利的阅读——不是为了"有用"，而仅仅是因为自己愿意和热爱。其实，"无用"，何尝不是另一种意味上的"有用"呢？现在，我们进入第三章，开始阅读方法的学习。

---

① 蒲实、陈赛：《大学的精神》，中信出版集团2017年版，第106页。

② ［加拿大］阿尔维托·曼古埃尔：《阅读史》，吴昌杰译，商务印刷馆2017年版，第7页。

第三章 阅读

文学经典的阅读（上）

文学经典的阅读（下）

第一节 文学经典的阅读

英国小说家毛姆曾说，那些为了应付升学、考试、谋生等目的而读书的人，甚至完全不可能享受到阅读的乐趣，因为阅读应该是一种享受，它给人带来理性的享受和愉悦，“养成读书习惯，也就是给自己营造一个几乎可以逃避生活中一切愁苦的庇护所”[①]。契诃夫说：“告诉我你读的是什么书，我就可知道你是一个怎样的人。”[②]这绝非夸大其词。对广大普通读者而言，阅读文学经典往往并不能带来任何物质上的回报，也很难转换成实用的技能或帮助实现某种现实的目标，但阅读文学经典给人的精神世界带来的巨大改变是其他任何读物都难以替代的。

一、阅读文学经典的意义

从中国文学史的角度看，每一种文学样式都有其特定的发展周期。王国维曾说：“凡一代有一代之文学：楚之骚、汉之赋、六代之骈语、唐之诗、宋之词、元之曲，皆所谓一代之文学，而后世莫能继焉者也。”[③]然而现在再来看看这些文学：骚、赋、骈等文学形式在当今几乎没有再度流行的可能，词和曲借助流行音乐等媒介还有一定的生命力。至于诗，我们今天说的“诗”基本上指的是现代诗，古体诗的辉煌难以重现。在西方，自从尼采喊出那句惊世骇俗的“上帝死了”以后，出现了很多类似的口号，比如罗兰·巴特说“作者死了”；在中国，先锋派小说家马原喊出“小说已死”等。这些都给我们留下了这样一个疑问：文学会不会消亡？那些注定不再可能流行的文体，我们还有阅读与学习

① ［英］W.S. 毛姆：《毛姆读书随想录》，刘文荣译，文汇出版社 2017 年版，第 5 页。

② 转引自汪曾祺：《谈风格》，《汪曾祺小品》，上海三联书店 2018 年版，第 10 页。

③ 王国维：《宋元戏曲史》，上海人民出版社 2014 年版，自序第 1 页。

的必要吗？也许还有人会问，在当今这个“互联网+”时代，我们有无数种方式来打发时间，为什么还要阅读文学经典，尤其是那些古典文学作品呢？这些问题其实不难回答。无论社会发展到哪一个阶段，无论人类进化到何种程度，我们总是能在那些经典文学作品中找到穿越时空的情感共鸣和精神滋养。伊塔洛·卡尔维诺的《为什么读经典》，论及了31位经典作家及其作品，被誉为“进入经典世界最好的读本”，除了下述所言，你还可以在那本书中找到更多答案。

（一）文学经典给人向善的力量，培育健全的人格

沈从文认为，一部好的文学作品除了让人感到真和美之外，还能给人一种向善的力量，这个向善不仅是指社会道德意义上的“好人”，它还指“读者从作品中接触了另外一种人生，从这种人生景象中有所启示，对‘人生’或‘生命’能作更深一层的理解”[①]。也就是说，读者能从文学作品中体会一个“虚拟的人生”，使自己的生命得到升华，使读者具备“人之为人”的基本准则。在曹文轩看来，文学作品为培养人性提供了三个基础，即道义感、情调、悲悯情怀。“当简·爱重新回到双目失明、一无所有的罗切斯特身边的时候，我们体会到了悲悯；当祥林嫂拄着拐棍沿街乞讨的时候，我们体会到了悲悯。”[②]由此可见，阅读文学经典的重要意义之一就在于防止情感的弱化和空心化，培育健全的人格。

在多年的写作教学中，我们发现，一些学生的作品之所以味如嚼蜡，并不是因为他们掌握的词汇量和修辞手法不够，而是缺乏情感的体悟。情感的空心化使得他们笔下的文字冰冷、机械。当对分数与效率的追求超越了对“至善”的追求，内心的空洞随之而来；而阅读经典，能帮助修复这个空洞。

（二）文学经典引导人独立思考，培养丰厚的智识

英国批评家詹姆斯·伍德说：“文学跟艺术一样，能抵制住傲

① 沈从文：《文学课》，四川人民出版社2019年版，第45页。

② 凤凰书品编著：《文学还活着》，文化艺术出版社2011年版，第164页。

慢的时间——让我们成为习惯长廊里的失眠症患者，并主动从死亡那里挽救事物的生命。”[①] 这段话较为抽象，我们尝试着做如下转译：文学和艺术一样具有一种神奇的魔力，能够对抗时间的流逝和死亡的威胁。易言之，阅读文学经典能让我们拥有摆脱虚无的勇气和超越平庸的力量。哈罗德·布鲁姆曾恰当地指出：“没有经典，我们会停止思考。”[②] 文学经典引导我们思考的不是别的，恰是艺术与生活的关系、理想与现实的矛盾，是树立“独立之精神，自由之思想”的信念，是我们对美好生活的不懈追求。布鲁姆还说：“如果人们要保留任何形成自己的判断和意见的能力，那么他们继续为自己而阅读就变得很重要。”[③] 对一个真正热爱文学作品的人来说，阅读从来都是“为自己”的。这并非自私，而是因为只有在这个基础上，我们才能更好地思考，才能实现思想的启蒙。

二、阅读文学经典不必迷信文学理论

在无数伟大的文学经典面前，人们常常会感叹生命之有限，感叹我们在有生之年无法穷尽这些智慧。在这种阅读焦虑的影响下，有人想要快速掌握书中的主要内容与精髓，或者习得系统化阅读它的技巧与方法。于是，有人恋上了拆书式的快餐阅读，也有人为此找到了文学理论。

20 世纪被认为是文学理论的世纪，形式主义、精神分析、英美新批评、结构主义、解构主义、女性主义、后殖民主义等各种理论，如雨后春笋般登上历史舞台，形成了你方唱罢我登场的热闹景象，曾令无数学者和读者为之痴狂。然而，当理论转变为僵化的解读技巧，文学经典的真正价值也就消弭了。

以精神分析学说为例，弗洛伊德提出了无意识理论和性欲

① [英]詹姆斯·伍德：《最接近生活的事物》，蒋怡译，河南大学出版社 2017 年版，第 47 页。

② [美]哈罗德·布鲁姆：《西方正典：伟大作家和不朽作品》，江宁康译，译林出版社 2005 年版，第 29 页。

③ [美]哈罗德·布鲁姆：《如何读，为什么读？》，黄灿然译，译林出版社 2011 年版，第 5 页。

理论，他把文学艺术作品视为创作者力比多（即性本能）的“升华作用”，并用“俄狄浦斯情结”阐释《俄狄浦斯王》和《哈姆莱特》的主人公。这对后来的文学鉴赏产生了颠覆性的影响。越来越多的精神分析追随者把文学作品当作验证精神分析理论的文本，热衷于寻找作品中的意象。比如，认为“尖塔”象征着男性的生殖器，用“俄狄浦斯情结”解释书中人物的性格，甚至以此阐释作者的创作动机和作品的意义。有学者批评道，“精神分析学理论不能为人们提供一个评价文学作品的审美标准，而它的批评方法也丝毫无助于提高人们的鉴赏水平”①。这段话听起来似乎有些偏激，但也提示我们：文学理论或许能够帮助我们分析一部作品的某些情节设置或细节处理，却很难为判断一部文艺作品的优劣提供基本的衡量尺度。

有必要强调的是，这里指出理论的问题并不是鼓励读者彻底否定理论，而是要求读者对理论保持冷静的、理性的判断，不能让理论左右我们对文学作品的阅读和理解。必须承认的是，文学理论能够帮助我们对文学作品的一般原则和观念进行反思，不同的理论流派在一定程度上丰富了我们阅读文学作品的鉴赏维度，但这并不意味着学习了文学理论就能够完全掌握阅读文学作品的诀窍。读者一旦成为文学理论的拥趸，文学作品本身的审美价值就会被遮蔽，我们思想中的“灵性”也会逐渐黯淡下去。因此我们对文学理论应保持一种清醒和怀疑的态度，避免“理论的陷阱”。事实上，关于“如何阅读文学作品”这一问题，从来就没有固定的标准答案，文学理论也不可能包打天下。

三、文学经典的读法

从小学起，我们的语文课就一直在教授大家如何学习和阅

① 杨冬：《文学理论：从柏拉图到德里达》（第3版），北京大学出版社2015年版，第306页。

读不同体裁的文本。我们会分析主题思想、段落大意，也会讲作者生平、创作背景，还会讲解修辞，解析词句。那么，这样的阅读法对不对呢？如果不对，为何要这么教呢？如果对，那我们还有必要在经历了12年的中小学语文教育之后再谈文学经典阅读方法的问题吗？我们应该如何走进文学经典的世界？

（一）放弃“唯一正确”

应试语文教育存在的问题之一，是往往只给标准答案，并由此在不知不觉中给了大家一个误判——只有标准答案是唯一正确的，因为只有选择这个答案，考试才能得分。这是标准化考试对应试语文教育提出的无形要求。它确实大大提高了阅卷效率，但它也一定不是我们阅读文学经典的最佳方式。易言之，应试语文教育的最大问题是它无形中单一化，甚至固化了我们阅读的思维路径。要改变十余年来形成的这种思维习惯，是难的。但不论怎样，我们首先要认识到的是：关于如何解读我们面前的这个文本，它没有标准答案，对于非中文专业的大多数人来说，结合你们的知识结构和人生经验去读最为重要。处于不同人生阶段的你们，一定会从以前阅读过的文本中读出新的东西，得到不同于以往的感受。而那，也是见证你们成长的时刻。

（二）大胆自我沉浸

阅读和鉴赏文学经典是没有捷径可走的。如果说有，那就是让自己完全沉浸其中，与作品中的人物一起生活，感受他们的痛苦与欢乐。一如美国著名学者乔治·斯坦纳所指出的那样，在阅读经典文学作品时，我们不是被动的角色，而是主动参与了书中的声音，“请尽可能地与文学同道。一个人读了《伊利亚特》第十四卷（普里阿摩斯夜会阿基琉斯），读了阿廖沙·卡拉玛佐夫跪向星空那一幕，读了《蒙田随笔》的第二十章，读了哈姆莱特对这章的引用，如果他的人生没有改变，他对自己生命的领悟没有改变，他没有用一点点彻底不同的方式打量他行走其中的屋子，打量那些敲门的人，那么，他虽然是用肉眼在阅读，但他的心眼却是盲视”[①]。

想一想，我们为何会被某篇作品感动，首先不正是因为我们沉浸在了文本的世界中，作品中的人物和故事唤起了我们经历中、情感里相近、相通的那一部分吗？不正是因为它连接且言明了我们自身不曾清晰道明的人生悲欢与感悟吗？所以，阅读中很重要的便是要做到自我沉浸。当然，从学习写作的角度而言，光有沉浸也是不够的，因为只收获感动的阅读是难以指导写作的，你还需要对它施以理性的目光。这就涉及要具体分析它是如何打动你的，而分析又是需要借助工具的。

（三）借助行家分析

尽管我们前面说到不要迷信文学理论，但无可争辩的是，分析工具和分析框架的占有，的确能帮助我们以不同的角度进入文本，从而读出更加丰富的蕴涵。而作为非中文专业的同学，我们大多数人都不太可能去系统地学习文学理论。因此，当你感觉到自己的理性思维、专业知识，不足以支撑对文本展开解读时，不妨查阅行家的专业分析。借助他们的分析，我们可以看到原本未看到之处，或者品出此前未品出的意味。专业的分析为何如此重要呢？以看球赛为例。一个不懂球赛规则和打球技法的人，当然也是可以从激烈的竞技中获得观赛的快感的，但这种低门槛的快感并不能指导你如何打球。只有看懂了赛场上球员的布局、传球的技法、教练换人的策略等，你才能获得更多的观赛快感，并从中学会如何打球。

（四）明确阅读重点

从学习写作的角度而言，不同体裁的文本，我们阅读的重点是不一样的。例如诗歌的阅读，应重在对意象和意境的把握；小说的阅读，应重在对人物和情节的分析；散文的阅读，应重在对语言和感悟的理解……凡此种种知识，我们十几年的语文教育不断在重复，这里也就不再啰唆。

① ［美］乔治·斯坦纳：《语言与沉默：论语言、文学与非人道》，李小均译，上海人民出版社 2013 年版，第 17 页。

（五）选择恰当工具

我们不能用抽象思维去理解感性抒发，不宜用章法知识去对接现代散文。也就是说，工具和对象必须是匹配的。

感性抒发往往不遵从理性的逻辑，如果用抽象思维的方式去理解它，就难免会陷入无从理解的地步。而像“首尾呼应”这种古代散文的章法知识，也往往并不适用于解读现代散文，因为现代散文很多并不遵从这套框架。我们读汪曾祺的《逐臭》、余秋雨的《道士塔》、林清玄的《鸳鸯香炉》……都是读不出这种“首尾呼应”的。但今天，部分老师在写作教学中，依然非常强调“首尾呼应”“开门见山”等章法。为何不谈巴金先生说的“文无定法”呢？原因之一恐怕是前者更好操作，更方便教授吧。

（六）使用比较阅读

我们可以把相同题材、相同体裁的作品放在一起比较，分析他们在人物塑造、情节设置、语言风格等方面的不同，进而考察写作技巧之差异；还可以从中选择一种自己偏爱的风格进行模仿，并在模仿中逐渐形成属于自己的风格。

（七）做好阅读笔记

很多同学从小起就被语文老师或家长要求抄写和背诵好词好句。抄写和背诵好词好句对写作有没有帮助呢？当然是有的，但不能只是简单地抄录和机械地背诵，必须思考、分析它好在哪里，不能把注意力只放在抄写和背诵那些看上去很精致的句子上，而是要明确好词好句是如何在整个文本中生成的——脱离了文本语境，很多词句是看不出它好在哪里的。因此，在记录好词好句的同时，不妨把分析也写下来，梳理出它对你日后写作的启发点。如此这般长期积累，一定会夯实你的写作基础。

（本节主撰：叶　健、温江斌）

第二节　新闻作品的阅读

新闻作品的阅读

这是一个人人都有扩音器的时代。借助社交媒体，你，也可以向不确定的大众发布新闻。但，新闻作品与文学作品之不同，乃在于它应是对客观世界的如实记录。真实，是新闻的生命。从大处说，“历史是过去的新闻，新闻是今后的历史。……新闻报道的质量决定历史记忆甚至包括国家记忆的真实性和可靠性”①。从小里讲，我们每一个人，都依靠新闻所搭建的拟态环境认知这个世界，并由此知晓并尝试理解远方的人与事。因此，在媒介赋权我们每一个人都可以生产和传播新闻的这个后真相时代，在这个人人也都有可能遭遇网络暴力的时代，我们更有必要审慎思考什么才是合格的新闻、好的新闻；有必要懂得判定新闻的真伪，防备被虚假新闻所鼓动；当你想成为一名公民记者，决定按下“发布”键的时候，也请务必保证它是一件合格的、具有建设性的新闻作品。因为，对你而言，它可能只是一段文字；但对你所言说的人而言，它可能就是整个人生。

一、学会判定新闻的真伪

近几年，反转新闻频现，以至于大家面对各式各样的“爆炸性”新闻逐渐养成了“让新闻再飞一会儿”的心态。那么，新闻真伪的判定有没有一些快速有效的办法呢？还是有一些基本方法可循的。

（一）判断新闻的发布主体

一般而言，由权威媒体发布的新闻，其可信度会更高。因为权威媒体更看重自己的公信力，有严格的把关人制度，注重审校。尽管权威媒体也不能完全避免假新闻或新闻失实，但从整体上来说，真实性还是更有保障。因此，当我们对一些热点“新闻”存疑时，不妨先看看它是否来自权威媒体。

（二）辨别消息源

消息源指的是新闻信息的原始出处，它可以是新闻事件当事人、旁观者，也可以是对该新闻事件具有解释力或负有解释义

① 邵培仁：《新闻报道要用事实说话，新闻传播研究呢？》，《现代视听》2019 年第 12 期，第 82 页。

务的组织或个人。一般来说，消息源越权威，越接近新闻事件核心，身份信息越具体，其信息的可信程度就越高。但这也非绝对。如新闻事件当事人可能出于个人利益的考量而刻意隐瞒或歪曲事实。又如在监督报道中，出于对消息源的保护，记者会对消息源做必要的技术处理。这些都另当别论。

（三）警惕单一信源

逻辑学强调“孤证不立”。单一信源是无法对事实进行相互佐证的。如果整篇新闻读下来，我们只能看到来自某一个信源或某一方信源的信息，就有必要对它的真实性打上问号了。其中最为常见的就是“据网友爆料”。

在新闻中，也存在唯一消息源的高可信性度新闻。但前提是这唯一的消息来源是核心信源，具有高采信度以及证明力。例如，来自政府部门召集的新闻发布会上的信息、政府官网上的信息等，因为这些信源是有政府信用背书的。但同时，我们还须区分信息究竟是来自“官方”，还是“官员个人”。不能把官员的个人观点，特别是非正式场合的官员个人观点，当作官方言论。

二、知晓好新闻应具备的特质

新闻理论或新闻写作教材通常都会用真实性、时新性、重要性、显著性、接近性、趣味性等来概括说明新闻的价值。上述“六性”较好理解。除此之外，好新闻还应该坚持“用事实说话”“用细节展现”“饱含人性关怀”，并以伸张正义、张扬主流价值观、针砭时弊、反映和推动问题解决为导向。我们的注意力太有限，我们的精力也太有限，我们需要靠新闻监测环境，从中汲取智慧、经验，规避风险；我们的政府也需要从新闻反映的民生中去倾听民意，吸纳群众意见，完善各类政策。易言之，我们还应该用“有料”“有效”“有用”“有温度”来评价一条新闻的高下。以下重点讲一讲“用事实说话”“用细节展现”和“饱含人性关怀”。

（一）看作者有没有用事实说话

“用事实说话”是一种运用具体的事实来展现事件原貌，表达作者观点与倾向的新闻写作手法。善于用事实说话是记者的一项基本功。不仅新闻消息要讲究用事实说话，新闻评论也要讲究用事实说话。只有坚持用事实说话，才能让人信服于你传递的信息和观点。

我们常能看到有定性判断而无事实依据的新闻。比如报道某市工作取得了好成绩，却不见好成绩具体体现在哪些方面，更没有今昔对比、横向比较；报道某部门提高了工作效率，却不见这个工作效率的提高具体体现在何处，为此采取了哪些有效的举措。这种新闻读起来无疑会让人觉得假大空。

中国青年报记者李桂茹采写的《中英街的变迁：见证改革开放的名街》则通过今昔对比、列数字等手法，用具体可感的事实向我们展现了改革开放给中英街带去的变化。例如，“改革开放后……只有 200 多米长，三四米宽的小街被挤得水泄不通，少时四五万人，多时八九万人。人们肩扛手拎，香皂、袜子、洗衣粉、布料、手袋、化妆品，虽然挤得满身汗水，也还是满载而归。”[①] 这段叙述，有数字、有画面，正是用事实在说话。

（二）看作者有没有用细节展现

“细节在叙事上强调的是个性化的内涵和风格，传递的信息具有复合的特征，能给受众一个多元化的阐释空间，增添了新闻的人情味。”[②] 鲜活的细节尤有助于给读者、听众或观众带去身临其境之感。

《奥斯维辛没有什么新闻》被誉为“美国新闻写作中不朽的名篇”。作者亚伯拉罕·迈克尔·罗森塔尔在其中书写了这样一些细节——“在德国人撤退时炸毁的布热金卡毒气室和焚尸炉废墟上，雏菊花在怒放”“还有一些参观者注视着毒气室和焚尸炉，他们表情茫然，……然而，一看到玻璃窗内成堆的头发和

① 李桂茹：《见证改革开放的“名街”“购物天堂人流回落——中英街的变迁”》，http://zqb.cyol.com/content/2005-01/07/content1010903.htm

② 林新：《细节的力量——新闻细节的叙事特征与效果分析》，《新闻记者》2006年第7期，第60页。

婴儿的鞋子，一看到用以关押被判处绞刑的死囚的牢房时，他们就不由自主地停下脚步，浑身发抖”“一个参观者惊惧万分，张大了嘴巴，他想叫，但是叫不出来”。[1] 雏菊开放得如何，看上去和整篇新闻毫无关系，但正是这个细节的截取，让我们感受到灾难终于过去，生命之花终于绽放的震撼。对参观者表情变化的细节捕捉和对参观者惊恐状态的细节描述，具有极强的画面感，能让读者充分感受到奥斯维辛集中营的阴森恐怖，带给我们对历史的沉重思考。

（三）看作者有没有饱含人性关怀

有些新闻看上去确实是在用事实说话，也确实有大量细节，但它仍算不上是好新闻，甚至会引发巨大争议和诟病。

2015 年，《人物》杂志发表的人物报道《惊惶庞麦郎》[2]，以猎奇的视角和大量的细节描写，成功吸引了大量读者，迅速成为阅读量超过 10 万 + 的“爆款”文章，但同时也引起了不小的争议。文章开头的对话十分暧昧且多余，似乎在向读者暗示庞麦郎的性格和形象有某些方面的缺陷，并将这种预先判断带到了后面的叙述中。如，“他的头发板结油腻，弓着身子站在上海普陀区的街道十字路口，羞涩得似乎想把自己藏起来，抠着手说，去我酒店吧先。”“一推门，一大股食物腐烂、被单潮湿的味道。”“床脚的被单上，沾着已经硬掉的、透明的皮屑、指甲、碎头发和花生皮。”“女服务员正在把旧床单扯下来，一抖，毛发、皮屑泼泼洒洒散在空气里。他起身，冲水，马桶剧烈抖动。”除此之外，文章还写到庞麦郎的其他生活细节：住廉价小旅馆、没电脑、不会用手机连 WiFi、打连连看、去网吧聊 QQ、吃饭叫外卖、爱慕虚荣，等等。从新闻写作的角度看，这些细碎的琐事除了满足读者的窥私欲和猎奇欲外，对人物报道而言没有多少意义。

---

① ［美］亚伯拉罕·迈克尔·罗森塔尔：《奥斯维辛没有什么新闻》，吴果中主编《新闻消息与通讯典型案例评析》，湖南人民出版社 2015 年版，第 107 页。

② 鲸书：《惊惶庞麦郎》，《人物》2015 年第 1 期，第 100—103 页。

这篇文章中还有一段庞麦郎以前的工友郑军跟记者说的话："你们别害他……他有现在挺不容易的。"但是很遗憾，作者并没有做到这一点。庞麦郎被"连哄带骗"地推到聚光灯下接受读者的审视，似乎所有人都比庞麦郎更清醒、更"正常"。作者仿佛想要撕破庞麦郎的面具，希望以此向庞麦郎拆穿那个残酷的真相：他的成功其实是一场资本的游戏，而他对音乐的热爱和努力也不过是为人们提供一点笑料而已。《惊惶庞麦郎》将所有的怪诞和不堪，都指向庞麦郎本人，而没有饱含人性关怀地去挖掘庞麦郎性格背后更深层次的社会原因。它有意或者无意地引导读者去肆意地消费他、嘲笑他，却唯独缺少了对他的尊重和包容。

因此，我们在判断新闻的优劣高下时，不能仅将真实、客观、平衡作为衡量的标准——这不仅是一种智力的惰性，更是对人类情感的冷漠。真正优秀的新闻作品并不是仅仅以真实客观取胜，更以充满人情味而让人铭记。无论是意大利传奇记者法拉奇对国际政要的采访，还是诺贝尔文学奖得主、白俄罗斯记者阿列克谢耶维奇对普通人的采访都是如此。

（本节主撰：黄海燕、叶　健、吴　辉）

第三节　学术文献的阅读

学术文献的阅读

作为大学生，我们不仅应该通过阅读诗歌、散文、小说、戏剧等，来增进自己的文学修养；通过阅读新闻作品或非虚构作品，来强化自己对社会现实问题的关注；还应该主动去阅读一些人文社科领域的学术文献，以增强自身思考的锐度和深度。

一、文献的选取与管理

互联网的发展使得我们可以随时找到需要的书籍、网络课程，甚至大量的专业资料。但是，面对这些浩瀚的学术文献资料，如何快速选取有价值且符合自身需要的文献，则是一门技术活。文献判断和选取技能的高下直接决定我们的学习效率，甚至是与他人的信息差距。

（一）文献的选取

1. 带着目的选择

所谓“目的”包括两点，一是明确你当下的需求，带着你的“需求”去选择文献；二是明确你的疑问，带着“问题”选择，奔着“解决问题”而去，这样有利于高效快速地选择合适的文献。

2. 通过目录选择

如果仅通过书名无法判断文献是否符合需求，我们可以进一步翻看目录，查看文献的具体框架，通过文献结构、内容的具体设置，截取合适的内容。对于那些不合适的内容，可以选择略过，而重点关注符合需求的内容。

3. 通过关联文献选择

除了带着目的和依据目录进行选择之外，我们还可通过关注文献之间的关联性选择文献。例如同一个领域的、同一个作者的，或者有相同关键词、主题词的。如此坚持阅读下来，基本就可以掌握这一领域的主要文献，划定相对完整的知识图谱了。在实际搜索的操作过程当中，除了直接的主题搜索法之外，还可以以一本或一篇文献为核心，通过其引用的参考文献，按图索骥，追溯相关文献的来源和出处，再以所引用的文献为核心，不断向外扩散，层层深入，网罗关联文献。这样做的好处是，绕开了仅靠主题词搜索而来的文献，能够察觉不易发现的有效文献。

4. 辨别文献优劣

这些我们经过初选获得的文献，是否真的都具有学习价值，抑或都对我们的需求有所助益呢？其实不然。事实上，一个领域里真正能够做到实质性推进的文献并不多，在看似成百上千篇文献中，实际有价值的可能不过五六。因此，我们还需要掌握对文献质量优劣的辨别能力。那么，如何判断文献的优劣呢？首先，最为直观、简单的办法就是查阅文献的来源，锁定权威出版社和权威期刊。其次，翻看文献作者，锁定专业领域的重要学者。此外，还可以查看文献的反馈指标，如印刷版次、印刷次数、网站评分、业界评价、读者评论、转引率等。好的文献通常会多次出版发行、转引率高，并获得业内专家推荐或读者好评。据此，我们便能对前次搜集的文献做进一步筛选了。

（二）文献的管理

利用互联网搜索，我们可以广泛地收集大量的相关资料，但这些资料应如何有序地保存下来呢？主要包括三点：

1. 建立文献目录 / 清单

将依据需求选择出来的文献，建立清晰的目录，同时将书名、作者、年份列出，形成清单。这样，我们在后期收集、阅读文献时可直奔主题。

2. 对文献归类、建档

及时归类建档能够避免后期无迹可寻的烦恼，利用电脑文件夹建档，按主题、关键词、内容等划分不同的文件夹，保存文献，以便查询。

3. 标注文献出处

看文献的时候，一定要养成一边看一边记录的习惯，尤其要详细标明内容出处。这样做的好处在于可以提高你日后文献援引的效率。不至于再去查阅、核实它的作者、文献名、版次、期次、页码，等等。

二、文献的阅读方式

文献的阅读，依据阅读目的的不同，有快慢之分。前者以阅读段落或结构大意的方式快速翻阅文献，无需事无巨细地一一查阅；后者则是以慢读的方式反复查阅，务求明白内容，了解细节。以此为基，我们在下文中将其具体划分为泛读、多读、精读、选择性阅读和辅助性阅读几个方面，并予以详细阐述。

（一）泛读、多读

文献的阅读是需要大量时间积累的。以书籍为例，日本学者奥野宣之曾指出，“坚持‘只选好书，只读好书’的做法可能不太现实，但只要我们张弛有度地贯彻‘好书要细细研读，其他书就粗读略读'的原则,还是很有可能实现的"。[①] 我们常常需要通过阅读大量文献之后,才可能判断出哪些文献符合需求,哪些文献不符合需求。因此,在具体阅读的过程中,多读是掌握信息、筛选内容的基础。这种方法网罗文献,不易遗漏,但费时长,因数量多而可能致人疲惫。适用于初学者全面了解知识点,也有助于写作初期积累素材。

(二)精读

那些经过我们层层筛选,最终保存下来需要精读的文献,要怎么去阅读呢?简单来说,就是把握文献的结构层次,抓住文献的"核心"——包括研究问题、研究方法、研究经过以及研究结论等。这些内容掌握好了,就等于抓住了文献的"命脉"。对此,学者黄宗智做了详细的解析,即"学术著作都应带有一个中心论点,而阅读那样的著作,首先是要掌握其中心论点,用自己的话(一段,甚或是一句话)表达出来。然后,用三、四段总结其主要的次级论点,同时总结其经验证据。总结的时候,关键在于不要摘抄,要用自己的话,因为那样才会消化,使它变成自己的东西。一个可行的阅读次序是先看首尾,掌握其中心论点之后才逐章阅读,每章看完之后用自己的话总结。最后要回答这样一个问题:作者把你说服了没有,为什么?(甚或更进一步:如果由你来写这本书,你会做怎样的修改?)"。[②] 这种阅读的方法对于经典文献而言,是一种能够真正将知识点融入脑海,成为助力自身学术能力、思考能力提高的"帮手"。此外,好的文献也是需要反复阅读的,这个"反复"的频度可能是一个月、三个月、半年或者一年等,依据个人喜好或需要而定。不同时期的阅读也会产生不同的理解,甚至不同的启发意义,有助于阅读者不同阶段的学习和思考。

---

① [日]奥野宣之:《如何有效阅读一本书——超实用笔记读书法》,张晶晶译,江西人民出版社 2016 年版,第 23 页。

② 黄宗智:《青年学者如何阅读学术著作和做读书笔记》,《文史博览》(理论)2011 年第 3 期,第 1 页。

（三）选择性阅读

在接触、阅读了大量学术文献之后，结合需求、目的可缩窄挑选阅读文献的范围。我们将之称为“选择性阅读”。它包括两个方面：一是在文献的选择上，不要求面面俱到，而是根据你的需求、目的选择不同种类的文献做进一步的阅读。二是对单篇文献而言，有选择地阅读其中部分内容。选择的内容包括查看文献目录、文献序言/前言、总结/小结等，以此掌握内容概要，再进行选择。这样做可以快速定位所需内容，而剔除与己无关或已知晓内容，节省时间，实现高效阅读。

（四）辅助性阅读

每一个人在理解能力、生活阅历、社会经验、受教育程度等方面的差异，都会影响阅读理解的程度。那么，当我们遇到比较深奥、晦涩的文献，一时无法准确理解文献内容时，要如何快速掌握文献主旨呢？一个比较快速有效的方法是，借助其他学者对该文献的解读来学习，尤其是接近自己时代的学者，他们的解读更符合当下的社会背景，具备较高的参考价值。此外，一些研究者还会结合现实案例加以分析、佐证，这些都是很好的辅助性阅读材料，能帮助我们贴近原作者，理解内容核心。举个例子，法国哲学家米歇尔·福柯，对哲学、历史学、科学史、知识社会学等产生了极大的影响，他的专著如《疯癫与文明》《规训与惩罚》等对人类文明、知识学习发挥了举足轻重的作用，但是部分内容对于初学者而言并不易读懂，甚至有些晦涩，如若经过一段时期的学习没有读懂怎么办呢？我们就可以选择一些现当代书籍如米尔斯的《导读福柯》、陈培永的《福柯的生命政治学图绘》、杨凯麟的《分裂分析福柯》等解读性材料进行辅助阅读。

总体而言，以上四个方法是我们在阅读文献、抓取重要信息的基本方法，不同的读者也可视个人情况的不同而做出相应的调整。

三、对文献做批判性反思

批判性反思是在阅读文献基础上做的一种思维锻炼。之所以把这一部分纳入学术文献的阅读板块中，是因为我们常常忽略了对阅读文献的思考，而止步于人云亦云的内容复述。教师们在与学生交流读书体会时，常常发现他们谈及的多为对著作内容的复述，再进一步追问时却多茫然无语。他们极易被文献内容所左右。而我们需要做的，实际上是在阅读之后形成自己的思想。这并不是说完全剔除或绕过原作者的思想，而是在文献思想基础上形成个人观点。如果能将之运用于现实当中，解决问题或形成新的研究思路，那是更好不过了。

在具体的反思路径中，"复述"是理解内容的第一步。我们可以用自己的话再一次重复文献中的主要内容，包括文献的主要观点是什么，它支持了什么，反对了什么，结论是什么，还存在什么问题等。当我们可以清晰地表述出来的时候，说明我们已基本掌握这一文献。亦可通过与他人交流，根据倾听者的反应，判断自己是否真正读懂，解释、表达清楚了。

在对文献基本知识点形成整体把握之后，我们就可进入真正的阅读反思阶段了。我们可以就文献内部的论证脉络、逻辑结构加入个人思考，并予以观点表达，甚至发现文献当中的"漏洞"，思考它对你了解实际或对你自己的学习、研究起到了什么作用等。这些想法或许在刚开始出现时会让你觉得幼稚、迷茫或不解，不要害怕说错或被人笑话。能够获得真正你想知道的、解开你所困惑的疑问，才是我们阅读文献的最终目的。为此，我们可以选择与朋友、同学、老师等人交流对话、提问互动。

四、做好文献读书笔记

俗话说，好记性不如烂笔头。文献笔记的篇幅可以不长，但也不能是简单的摘抄。要记住，笔记不是给老师看的，而是写给自己看的；且不仅仅是写给今天的自己看，还可能是写给十年、二十年后的自己看的。首先，文献笔记的整理，应该是能伸能缩，长短自如的；其次，不能变成简单的抄文献，而应是对重要段落的摘抄，抑或用自己的话复述主要的论证和观点，使之成为自己

的财富。当然,电子时代我们还需学会利用电子笔记,这样既有利于保存数据,也便于日后查找。具体的做法包括三点:

(一) 摘录

所谓"摘录",不是盲目地抄写,而是"浓缩",有选择性地"截取"。需要明确标注哪部分是摘抄原文,哪部分是复述观点。摘录的根本目的不在于记住一些所谓的"金句",而在于"截取"有价值的内容,以备日后选择使用。

那么,什么样的"金句"才值得抄录呢?日本学者奥野宣之给了我们一个答案。他指出,值得做记号、摘抄下来的内容要经过三个"筛选程序"。分别是:1. 通读,即一边阅读,一边把觉得有价值的那一页折角;2. 重读,即读完一遍后,再把折角的几页重新读一遍,如果仍然觉得很好,就把那一页另一个角也折起来;3. 标记,即再重读一遍折起上下角的那几页,如果第三次阅读后仍然觉得值得一读,就用笔在上面做记号,接下来,再读一遍标记的内容,把最后还是无法舍弃的内容抄在读书笔记上。①

(二) 记录心得

文献笔记如果仅仅局限在摘录,那就只是做了一回"知识的搬运工"而已。其最终目的是要在截取有价值的内容的基础之上,将自己当时的所思所想及时地记录下来。这些被记录下来的内容,或是当时的灵光乍现,或是一些琐碎的只言片语。在一段时间之后,可进一步将这些零碎的心得稍做整理,使之成文,将更有利于日后回看。

(三) 绘制思维导图,形成知识图谱

思维导图(Thinking Map)是一种培养发散性思维模式的方式。其运用图文并重的技巧,把各级主题的关系用相互隶属与相关层级图表现出来,把主题关键词与图像、颜色等建立记忆连接。思维导图可由中心向外发散出成千上万的结点,每一个结点代表与中心主题的一个连结,而每一个连结又可以成为另一

---

① 参见[日]奥野宣之:《如何有效阅读一本书——超实用笔记读书法》,张晶晶译,江西人民出版社 2016 年版,第 84 页。

个主题，再向外发散出新的结点。所有结点综合构成了关于这一主题的知识库。

我们在阅读各类文献之后，即可借助思维导图形成相关知识点图谱。其制作的形式可以简略，只要制作者自己能看懂即可，但要点要清晰，各自的侧重点要明确。这些被勾勒出来的重要知识结构，成为关于这一知识领域学习的核心图谱。简而言之，思维导图既是记录、整理知识点的有效方式，也是日后查看、回忆文献的“指路”框架。

以上，我们从文献的选取与管理、阅读方法、思考方式、笔记技巧等各方面较完整地阐述了学术文献阅读的基本方式。良好的阅读习惯、阅读方法能够事半功倍地将知识“盘活”，使之为我所用，这才是我们阅读的最终目的。

（本节主撰：曾娅洁）

思考与训练

1. 谈谈你对阅读经典的理解。

2. 选择一篇新近的爆款新闻，谈谈它成为爆款的原因。

3. 选取你感兴趣的领域，挑选出你认为适合精读、深读的书籍，说说你的判断标准。

推荐书目

（一）初级阅读

1. 沈从文：《文学课》，四川人民出版社2019年版。

2. [英]W.S. 毛姆：《毛姆读书随想录》，刘文荣译，文汇出版社2017年版。

3. [意]伊塔洛·卡尔维诺：《为什么读经典》，黄灿然、李桂蜜译，译林出版社2012年版。

4. [日]奥野宣之：《如何有效阅读一本书——超实用笔记读书法》，张晶晶译，江西人民出版社2016年版。

5. [美]莫提默·艾德勒等：《如何阅读一本书》，郝明义等译，商务印书馆2004年版。

6. [英]东尼·博赞、巴利·博赞：《思维导图》，卜煜婷译，化学工业出版社2015年版。

（二）进阶阅读

1. 徐贲：《阅读经典：美国大学的人文教育》，北京大学出版社2015年版。

2. [英]特里·伊格尔顿：《文学阅读指南》，范浩译，河南大学出版社2015年版。

3. [英]詹姆斯·伍德：《最接近生活的事物》，蒋怡译，河南大学出版社2017年版。

4. [美]乔治·斯坦纳：《语言与沉默：论语言、文学与非人道》，李小均译，上海人民出版社2013年版。

前一章我们提到的阅读，指的是读“有字之书”。“有字之书”给了我们站在他人肩膀上看世界和辨识真理的机会与通路，但我们还须去读“无字之书”——我们亲历的生活。读无字之书中的这个“读”，说的其实是观察。我们需要学会真听、真看、真感受，不断培养自己对现实的感受力和领悟力，不断培育自己对他人的理解力和共情力。

一个不能对世界打开触角去观察的人，是难以从外部世界获得丰富而精彩的感知的；一个不能向内去观察自我的人，是难以体察自我主观世界里的情感波动的，当然更不可能完成自我检视和反思。那么，观察有哪些种类？观察又应注意哪些事项，有哪些方法呢？第四章我们一同来解决这些问题。

第四章　观察

第一节　日常观察

日常观察

本节我们要讲的“日常观察”，指的是对周遭生活的关注与体察，也就是我们常说的生活积累。想一想，行色匆匆之中，你是否注意到与你擦肩而过的路人，是否听到树叶拂过路面的声响，又是否闻到路边咖啡店飘出的拿铁香……这些被我们忽视的日常，或许都存在着可圈可点的有趣“灵魂”。日本学者赤濑川原平等人将这些普通的日常，用手绘、照片或是文字的形式记录下来，甚至设计工作表格、制定记录准则，并为特定对象命名，使“日常观察”成为一件带“钻研”意味的事情。我们大可不必如此钻研，但在生活中做个有心人，有意识地去观察身边的人与事，定能为你今后的写作积累独属于你的素材。恰如鲁迅先生在《致董永舒》中所言："此后如要创作，第一须观察。"[①]

一、日常观察的对象

"生活如泉源，文章犹如溪流，泉源丰盈，溪流自然活泼泼地昼夜不息。"[②] 叶圣陶先生的这句话，生动地表达了日常生活的观察与体悟对写作的帮助。然而，小时候写作文，一个困难是不知道写什么。老师经常布置类似这样的作文题：记一件难忘的事，记一次有意义的活动……写来写去，不少同学无非就是写写干农活、放牛、赶集、过年，等等。因为那时头脑中只有这些东西。别的都没有见识过，自然就想不到了。可像上面这些事，又总觉得太寻常，实在不值得写。

我们都读过鲁迅的《从百草园到三味书屋》、朱自清的《桨声灯影里的秦淮河》等散文名篇，鲁迅、朱自清写得好，除了因为他们文学功力深厚之外，还因为他们确实有相关的经历，有过真切的观察和体验。如果鲁迅没有进过百草园，相信他是无法写出百草园"泥墙根"下那么多趣味的；如果朱自清没有去秦淮河夏夜泛舟，猜想他也很难具体细腻地把秦淮河的船只、绿水、灯光、月色、歌声写得那么精巧秀丽，毕竟"巧妇难为无米之炊"。因此，那些我们认为不值得写的事物，大概是因为我们还没有观察出它的有意思之处来。对，"不知道观察什么""不知道什么值得观察，什么不值得观察"又或者是"无法将观察所得运用于写作"等，不正是我们很多写作者都可能面对的难题吗？那么，我们究竟该在日常生活中观察些什么呢？

（一）对"人"的观察

对人的观察包括对"自我"的观察和对"他人"的观察。

对"自我"的观察体现了对自我的认知，是认识、了解自己的过程。具体来说，包括对自我穿着、举止、言行、心理状态、日常活动、社会交往、社会关系等内容的捕捉，具体内容依研究者

① 周楠本编注：《鲁迅文学书简》，天津人民出版社 2006 年版，第 126 页。

② 叶圣陶：《〈文章例话〉序》，周红莉编：《中国现代散文理论经典》，苏州大学出版社 2008 年版，第 323 页。

自身而定。

对“他人”的观察包括对“个体”的观察和对“群体”的观察:对“个体”的观察,不仅可以关注个体本身的穿着打扮、形态神情,还可以关注与之相关的周边事物。对“群体”的观察是指对多个相互关联、共处同一空间的人物的整体观察。在这样的观察当中,由于视野或角度的限制,通常会分化出主要人物和次要人物,我们可以先抓取主要人物之间的动作、神态或表情等内容,然后再捕捉次要人物的相应状态。当然,主要与次要是由观察者注意力的投向决定的。那些客观上不在中心位置的人物,也完全可以成为你关注的主要人物。

(二) 对“物”的观察

对“物”的观察,分为对“静态物”的观察和对“动态物”的观察。

对“静态物”的观察,如植物、风景等,物体本身的状态是首先跃入我们视野的部分,具体包括形状、颜色、大小、质感等;除此,与之相关的当日天气、所处环境、地理气候等也都可以成为我们观察的对象。

对“动态物”的观察,相较而言,则需要更长的时间。因为动态物体不仅受自身发展的影响,还会随着时间、气候、环境、使用者、操作者等外部力量的改变而改变。

总而言之,所有这些极为丰富生动的人与物,都是构成事件的主要元素,也是我们写作的基础材料,是写作取之不竭的源头活水。

二、日常观察的要求与方法

接着前面所提小时候写作文的话题。其实就算是写干农活、赶集、放牛、过年这些寻常事,也不等于写不出不寻常的意思来。作家李汉荣就写过一篇《放牛》,其中有一个片段,写的就是作者骑着牛夜行回家的场景:

我骑在老黑背上,看夕阳缓缓落山,看月亮慢慢出来,慢慢走向我,我觉得月亮想贴近我,又怕吓着了牛和牛背上的我,月亮就不远不近地跟着我们。整个天空都在牛背上起伏,星星越来越稠密。牛驮着我行走在山的波浪里，又像飘浮在高高的星空里。不时有一颗流星，从头顶滑落。前面的星星好像离我们很近，我担心会被牛角挑下几颗。①

这一段写得很优美，也写得非常细致。写得优美，是因为作家有高超的表达技巧。写得细致的前提是观察细致。如果作者没有这段夜行经历，没有骑在牛背上高一脚、低一脚于连绵起伏的山地间行走的经历，他是写不出“整个天空都在牛背上起伏，星星越来越稠密。牛驮着我行走在山的波浪里，又像飘浮在高高的星空里”这样的句子的。

因此，日常观察第一个要求就是全面和细致。

（一）做到全面、细致

所谓全面，不是说面面俱到、事无巨细，而是强调观察的全过程、全方位和多角度。李汉荣写《放牛》的前提条件是有过“两个月的放牛娃生活”，其间不但有放牛的活动，还有对牛的感情变化——从害怕到疑惑，从疑惑到信任，从信任到佩服，从佩服到感激，从感激到悲伤，从悲伤到怀念。可以说，作者对放牛生活有了全面了解，对与老黑之间的感情也有了全方位的体悟，这是作者写得真实和真挚的重要原因。

所谓细致，强调的是观察过程中要注意细节，抓住细节，不能只看个大概。细节是文章最打动人的地方。《放牛》一文中，作者对老黑的样子、神态、脾气和认路、吃草、救人等方面都做了细致的刻画，作为作者童年“老伙伴”的老黑形象深入读者内心。老黑摔死之后，作者又细致地描写了分牛肉的场面。正因为有了前面作者通过细致刻画做好的情感铺垫，才有了后面作者因老黑被分肉而嚎啕大哭的情感爆发。如此，读者也就能对作者的悲伤感同身受了。

（二）抓住要点、特征

日常观察的第二个要求是抓住要点、抓住特征。强调观察

---

① 李汉荣《放牛》，《读者文摘》2005 年第 2 期，第 45 页。

的全面和细致，并不否定观察也要有主次、有详略，毕竟写作是一种创造性活动，而不是照录生活的流水账。因此，观察时要抓住事物或过程的关键场面、关键环节，进行有重点的观察；还要抓住该事物不同于其他同类事物的地方，找到该事物之所以是该事物的本质规定性。

读李汉荣的《放牛》可以发现，作者没有把写作重点放在牛吃草的时候，而是着重写出门去放牛和放牛后回家一路上发生的事。放牛的现场一笔带过，总共只有几十个字。而这一去一回的过程，分别都有三四百字，写得非常详细。从写作的思路看，作者也是把观察的重点放在这个一去一回的路上，因为路上发生的一切更好地体现了作者与老黑的关系和作者对老黑的感情变化，这才是观察的重点。

去的时候，作者落在老黑的后面，观察到老黑在远远的地方等他，还观察到老黑的脾气、行动和神色；上陡坡的时候，他发现老黑用尾巴拉着他爬坡。回的时候，作者受伤了，他观察到老黑要背他回家；一路上他还看到山峦、月亮和满天的星星。正是这些观察，作者抓住了老黑的特征，也抓住了作者家乡的地形地貌特征，让读者看到了一段独特的放牛经历，读出了一种作者和老黑相依为命的感觉。

（三）做到边观察、边思考

观察，绝不仅仅是用眼睛“看”那么简单，而是五官的感知和全身心的体察，其中最重要的是开动脑筋，积极思考。这种思考，既可以是对文章构思的谋划，（这样的思考才会让观察更有序），也可以是由观察所得所引发的联想与推理（这样的思考能让观察更深刻）。李汉荣在写第一次放牛时的害怕和对老黑的疑惑时，写到自己爬山落在了老黑身后，而老黑在前面等他。作者在观察到这些的同时，不禁浮想联翩：

听大人说，牛生气的时候，会用蹄子踢人。我可千万不能让老黑生气，不然，在高山陡坡上，他轻轻一蹄子就能把我踢下悬崖，踢进大人们说的“阴间”。

可我觉得老黑待我似乎很忠厚，它的行动和神色慢悠悠的，倒好像生怕惹我生气，生怕吓着了我。

我的小脑袋就想：大概牛也知道大小的，在人里面，我是小小的，在它面前，我更是小小的。它大概觉得我就是一个还没有学会四蹄走路的小牛儿，需要大牛的照顾，它会可怜我这个小牛儿的吧。[①]

这样的想象，把作者当时的心理状态表现得淋漓尽致，与前文写到的“害怕”有了很好的呼应。若干年后，作者回到当年放牛爬坡的现场，看到梯子崖上老黑曾经踩过的两个凹处，再次浮想联翩，进而有了顿悟——“我放过牛，其实是牛放了我”。至此，人与牛的生命融为了一体，全文的主题得到升华。

艺术来源于生活，创作来自对生活的观察与感悟。想想小时候学写作文时“无米下锅”的窘境，不知道你现在是否明白了其中的原因。其实，无论是谁，都不会从娘胎里带来写作素材。写作素材多，无非是见多识广的结果。“尝一脔肉，知一镬之味；悬羽与炭，而知燥湿之气；以小明大。见一叶落，而知岁之将暮；睹瓶中之冰，而知天下之寒；以近论远。”[②] 出自《淮南子·说山训》的这句话说的就是要仔细观察和勤于思考的道理。如果我们始终能对周遭事物的细微变化保持足够的兴趣和警觉，如果我们不仅养成了善于观察的好习惯，还能在观察的基础上进行合理的分析和推理，写作素材自然会源源不断。

最后，日常观察，或许刚开始是一场漫无目的的游走，但随着时间的推移，观察者的目标渐趋清晰化，其观察对象和观察方式也应呈现出愈加明朗的走向。为此，我们在持续的日常观察中应不断调整观察对象和观察方式，同步记录下观察的内容和思考，并将其转化为今后写作的素材。毕竟，在这场由日常现象的观察开启的旅程中，感受身边的人和事，发掘背后的故事与本质，“观为所用”才是我们观察的最终目的。

（本节主撰：吴　辉、曾娅洁）

---

① 李汉荣《放牛》，《读者文摘》2005 年第 2 期，第 44 页。

② 〔西汉〕刘安：《淮南子》，杨坚点校，岳麓书社 2015 年版，第 171 页。

热点观察

第二节 热点观察

热点观察是对应前面的日常观察而言的。尽管热点本身就是日常生活中的一部分,但因其浮出于相对平静的生活之外,且往往与公共利益或社会大多数人的利益相关,故而更容易引发关注。养成观察热点的习惯,能增进我们对社会事件的敏感性和洞察力,增强公民意识。这当然并不意味着其他未引起广泛关注的事就不重要,而是这些被大多数人关注的事件更容易产生可被观察与研究的表象和数据,从而为进一步的思考与研究提供基础。对热点事件的观察,也应注意方式、方法,盲目地浏览各类信息,抑或机械地下载、收集各方观点,是无法实现有效的热点观察的。

一、热点事件的资料搜集

(一) 搜集方式

对热点事件的观察可以从对相关资料的搜集开始,具体方式可分为全面撒网和针对性搜集两种。

1. 全面撒网

全面撒网对暂时没有固定思考方向的观察者,抑或事件初期需要全面了解信息的研究者较为适用。全面撒网有助于全方面地了解事件,掌握较为完整的数据。不过,全面撒网的缺点也很明显。由于信息过于庞杂,观察者很容易迷失其中,错失重要信息。

2. 针对性搜集

相比于全面撒网,针对性搜集具有明确的目标搜寻范围,适合于有具体思考方向和研究问题的观察者、研究者。例如对新冠肺炎事件的观察,如果我们要分析主流媒体的新闻报道框架,那么所收集的内容就可集中在主流媒体的报道上。又或者我们想研究新冠肺炎疫情期间全国各个高校的返校政策,那就可上各个高校的网站、官方微博、微信公众号等收集相关信息。这样的做法更聚焦，工作量自然也大大减少，但缺点也很明显：由于率先排除了其他领域或方面的信息，很可能会和一些更有意义或更有新意的观察与研究角度擦肩而过，错失有价值的研究。

（二）获取渠道

一手资料的获取可通过访谈、问卷调查、直接观察和参与式观察等方式。二手资料的获取，既可通过传统线下图书馆查阅等的方式，更可充分利用互联网各大线上平台的资源。例如，通过中国知网、维普、读秀等，可以查找相关的学者研究和主流报刊的新闻报道；通过全国报刊索引数据库、中国近代报刊系列数据库、慧科新闻搜索研究数据库等，可检索新闻报刊；通过JSTOR、Oxford Scholarship Online、CALIS等，可查阅外国文献。此外，我们国内拥有较多网络用户的平台，如新浪微博、微信、知乎、抖音等，也是天然的“数据池”，亦可作为资料收集的来源。需要注意的是，这些收集的内容还需要研究者主观上加以辨别和筛选，剔除虚假信息和谣言。总体而言，互联网为我们收集资料提供了便利，但也正因搜索的便利而可能带来数据库的庞大、工作量繁重等问题。而有效地编号、归纳，则可以帮助我们降低后期查找的难度。这些方面的技巧，我们在“学术文献的阅读”一节中已有论述，这里就不再赘述了。

二、热点事件的案例分析

在对热点事件做案例分析之前，我们首先要有这样一个意识：任何一个案例都是可以从多个角度分而论之的。在以“新冠”为关键词搜索的万篇论文中，包含有公共伦理、社会风险、大国形象、国家治理、海外电影、全球卫生治理、中国经济、网格化管理、网络教学等多个角度的研究论文。由此可见，不同学者因其学术背景、专业方向、研究思路的不同，完全可以形成多个不同角度的案例分析。

那么，这些角度各异的探讨是如何形成并加以分析的呢？核心宗旨是，当我们观察某个社会事件时，要不断追问，多问多想几个“为什么”。换句话说，往常我们在探讨一个事件时，是否常常浅尝辄止，就事件如何发生、发展、结束的过程做简单描述之后就此结束了？这样的表述仅仅是对事件表象的阐述，并未触及事件本质。我们要做的是在梳理基本事实的基础上，深挖其中的问题。具体包括以下两个层面：

（一）进行案例描述

案例描述是我们掌握事件全貌的第一步，对案例发生始末的完整掌握有助于我们后期对事件做进一步分析。其描述方式可具体分为：

1. 历时性描述

历时性描述即围绕事件发生以时间顺序展开的案例描述。时间顺序既可以是以日、月、年计算，也可依据事件发生的频度和类似性以阶段来划分，如萌芽期、发展期、爆发期、收尾期等。历时性的描述，有助于研究者和读者清晰地看到事件发展的走向，但案例收集工作繁杂，需要时间和耐心。

2. "5W+1R"模式的框架描述

5W 即 When（时间）、Where（地点）、Who（人物）、What（发生了什么）、Why（原因）；1R 即 Result（结果）。"5W+1R"共同构成了关于事件发展概况的框架性描述因素。这种描述方式能帮助我们掌握事件概况，梳理清晰的事件人物关系、因果来由，但也可能会忽略事件发生的某些细节。

3. 主题式描述

主题式描述即围绕事件选取某一角度作案例描述，这种方式适用于已经确立了研究视角的案例分析。

（二）进行结构化深挖

"案例研究的最初目的也可能不是描述性的。但描述策略或许有助于确定需要分析的适切的因果联系。"① 可以说，案例的描述为我们进一步挖掘事件本质奠定了基础。通过事实的呈现，我们要达到的最终目的是看到事实背后的社会问题。因此，

---

① ［美］罗伯特·K. 殷：《案例研究：设计与方法》（第 5 版），周海涛、史少杰译，重庆大学出版社 2017 年版，第 165 页。

我们需要进行结构化深挖。所谓的“结构化”，指在对事实的整理、归纳之后，形成系统化、条理化、层次性的知识排列。这种知识排列并非毫无根据的随意组合，而是一种严密的逻辑和规划。具体来说，包括对案例因果、社会影响、相互关系、政治经济环境、国际环境等与事实非直接相关性信息的深挖与追问。

以“新冠肺炎疫情”事件为例，若进行案例描述，在历时性分析中，我们可将视野投向 2019 年 12 月疫情暴发之初至现在，划分出萌芽期、爆发期、发展期、缓和期等不同阶段进行事件描述；在“5W+1R”模式的框架描述中，可就事件具体交代其时间、地点、人物、事件、原因及结果等要素；主题式描述则需要确定一个明确的切入点，如医护救治、社会舆论、新闻报道、国家形象等。在这些基本事实的描述基础上，我们可做进一步的结构化深挖。如历时性分析中，剖析在不同阶段中国家和政府的行政作为，以及这些行政作为对民众生活、工作的影响；在“5W+1R”的框架描述中，可就具体的事件做因果、影响或相互关系的分析；主题式描述下，围绕具体主题如国家形象，可探讨疫情期间我国国家形象的表达方式及其效果，尤其在面对负面舆论时通过什么方式扭转局面以及在国际上的传播影响等。

需要指出的是，问题的深挖或因答案的不同而可能进行新一轮的追问，并由此不断扩展发散。当然，即便是同一个问题因为研究者思路的不同，也可能会呈现出不同的研究路径，并没有完全一致的模式化套路。总体而言，热点事件的观察因人而异，千差万别，但归根究底我们要做的还是聚焦现实问题，通过事件的表象挖掘深层本质，触及问题根本，如此不仅可以锻炼逻辑思维，也更能为说理性写作积累素材和奠定思考基础。

三、热点事件的研究报告

研究报告是针对热点事件做得相对完整的分析报告，简单来说也算得上是一篇“小论文”。这里所谓的“小”，并不是指篇幅、字数、体量上的大小，而是指相对于专业的学术论文而言，它并不一定需要太多的专业知识、理论的介入，同时也不拘泥于字数、篇幅，重点在将你的所思所想呈现、阐述清楚。研究报告基本包括两个层面的内容：

一是对事件基本信息的梳理，包括事件概况、事件发生的走向、媒体新闻报道、公众反映（舆论声音）、政府作为、解决情况等，必要时可加入可视化图表进行演示（如柱状图、饼状图、曲线图等）。

二是在基本信息梳理之后，选取你感兴趣的视角或主题，针对性地提出你对该事件的分析、反思或总结。这类分析可以是原因分析、目的分析、机制分析等。反思包括对事件当中发生的问题的反思、行为主体的行为反思、事后经验教训的反思等。

（本节主撰：曾娅洁）

第三节　情感观察

情感观察

无论日常观察，还是热点观察，其实都包含有情感观察的内容，但我们还是决定单列一节来讲。人是有情感的动物，情感有其复杂性和特殊性，是最难以标准化认知的事物之一。

我们知道，情感是可以被感知且是能够相互感染的。比如，我们可以感受到正在欢闹嬉戏的儿童的快乐，也会对正在承受丧子之痛、撕心裂肺哭喊的人投去同情的目光。事实上，情感感知的能力并非人类的专属，其他动物如猫和狗等，也都具有这种能力，甚至它们的感知比人类还要敏锐。一个典型的例子就是精神抚慰犬，它能很快感应到主人的消极情绪，并通过寻求抚摸的方式来缓解主人的紧张、抑郁和不安，给他们带去安慰和支持。

但是，情感感知就等同于情感观察吗？二者有相似性，但也存在细微的差异。首先，从词语意思来看，情感观察是指运用人的感觉和知觉能力来观察情感的微妙变化。也就是说，情感观察是通过感知来观察人类情感的一种活动，而情感感知则更强调情感的感受。其次，情感感知一般是建立在情感观察的基础之上进行的，具有一定的滞后性；相比之下，情感观察更为主动，且带有更明确的目的性。

最近几年，随着一些情感观察类综艺节目的热播，“情感观察”一词已经逐渐为人们所熟悉。然而，作为一种古老的人类沟通方式，情感观察并不是近些年才出现的新鲜事物。它有着漫长的发展历史，亦具有重要的现代意义。科技的发展创造了新的接近，也带来了新的疏离；快节奏的现代生活，提高了生产的效率，也在一定程度上带来了焦虑。今天，我们更加需要通过情感观察来使心灵家园免于风蚀，防止它的沙漠化。

一、对自我情感的观察

对自我情感的观察，目的主要在于培养我们对自我情感的表达与控制能力，它依赖于人的内省倾向，而且这种能力的培养是建立在经验和习惯的基础之上的。对自我情感的观察，在阅读和写作过程中普遍存在。比如在阅读一部小说或一篇新闻作品时，我们的情感会受到作者语言的感染，进而产生各种情绪变化。当我们的情感沉浸在某部作品当中时，甚至会忽略时间飞逝。再比如在观看一部影视剧时，我们的情感也会不由自主地随着剧情的发展而产生种种变化，或喜悦或震撼，或愤怒或悲伤。在这些情况下，我们会放任自己的各种情感流露出来，因为这都是人类情感的自然表达。由此，在我们的写作和阅读过程中不可避免地遇到一个问题：如何表达和控制自己的情感？

通常来说，人们的主观情绪极易受到客观环境的影响，带来诸如悲观消极或乐观积极的情感变化，并且产生悲伤痛苦或欣喜愉悦的外在表现。这时，我们应该接受而不是抵抗这些情绪的发生，学会观察自己在面对这些情绪时的情感变化，进而对自我的情感进行理性的分析，比如得意而不忘形，失意而不妄自菲薄。当然，也要谨防类似于乐极生悲这样的情绪。一个大家都很熟悉的例子就是《范进中举》。贫穷的秀才范进经过三十多年的努力终于考中了举人，他在得知这一消息时因过分高兴而发疯，最后还是被自己一向畏惧的丈人一巴掌扇醒。尽管作者吴敬梓是借这个故事讽刺科举制度对人的正常心智的毒害，讽刺病态的社会和人心，但我们依然可以看到，在漫长而毫无希望的一次次科举考试中，范进几乎丧失了对自己情感的认知能力，他无法应对突发情绪的产生，更不可能对自我的情感进行冷静的分析和理智的判断。

二、对他人情感的观察

与人们对自我情感的观察不同，对他人情感的观察相对而言较为复杂。这里的观察者实际上是一个旁观者，他的观察不仅仅是肉眼的观看，还有旁观者主观情感的介入，它强调一种同情共感的能力。关于对他人的情感观察，大家首先想起来的恐怕是一些相关的综艺节目。我们能够通过观察他人的情感变化，发现其中的秘密，甚至能够预测当事人的情感走向，俗话说的“旁观者清”就是这个意思。当然了，尽管此类综艺节目确实属于我们所谈论的情感观察的范畴，但这些情感观察类节目的内容都过于狭隘，主要局限于恋爱或婚姻关系，而我们今天要讨论的是广义上的情感观察。

这里不妨举一个例子来说明。2015 年诺贝尔文学奖获得者、白俄罗斯记者和作家阿列克谢耶维奇在《切尔诺贝利的悲鸣》这部书中，记述了很多受到核电站爆炸事件影响的普通人。她对受害者的采访和报道就属于我们所说的情感观察。全书的主要内容是核爆炸亲历者的口述，通过不同讲述者的情感表达，我们得以了解那件震惊世界的历史事件的全貌，也能对亲历者的遭遇感到同情。除此之外，我们也可以看到阿列克谢耶维奇一直在克制自己的各种情感（这对作者的情感观察能力和控制能力是一个巨大的考验）。她用一种复调式的访谈手法，冷静而详尽地记录当地官员、核电站工作人员、受害者及其家属等不同人的遭遇和痛苦，从字里行间透露出她对受害者真切的关怀和对事故真相的不断质问与追寻。

这实际上就属于我们所说的情感观察的范畴。当我们在与人沟通交流时，很容易观察到他人的情感变化，甚至能察觉到轻微的情绪波动，这样就获取了关于他人的情感信息，并且可以对此作出一定的反应。经验告诉我们，在现实生活中对他人的情感观察并不是单向的观察行为，而是在不同形式的互动中实现和完成的，它需要我们在观察他人的情感之后还要作出相应的反馈。能够体察他人的痛苦或快乐，并且以此来指导自己的情感行为，是人际沟通过程中重要的情感依据，也是情感观察所要实现的一个目标。

三、情感观察过程中的移情

“移情”作为一个心理学术语，一般被用来概括心理治疗过程中的常见现象，“它指的是人们将过去和重要人物之间的体验投射到当前和治疗师之间的关系中的能力。”① 虽然说移情是建立在心理治疗师与来访者之间的一种互动关系，但它并不局限于心理治疗的过程，也会时常出现在日常的人际沟通活动中。

一般来讲，情感观察中的移情大致分为两种情况：一个是将自我的情绪情感投射到他人身上，将情感观察作为自我表达的方式和手段；第二个是自我受到他人情感的影响，与他人产生强烈的情感共鸣。下面一个例子可以说明这个问题。上世纪五十年代，《白毛女》戏剧团赴军区演出时，一个年轻士兵对黄世仁的欺压行为气愤不已，险些拔枪要打死舞台上的“黄世仁”。显然，这个士兵由于入戏过深，把剧中人物当作了现实中的地主黄世仁，并将愤怒的情绪投射到演员身上；反过来，白毛女的悲惨命运则引起了他的共情，以致采取向“黄世仁”开枪的方式来表达自己复杂的情感。这种情感观察在移情作用影响下误导了他的情感判断，使他对白毛女的同情和对地主黄世仁的憎恨交织在一起。

我们在从事阅读、写作和观影等活动，或与他人进行沟通交流时，难免会受到移情作用的影响，这个时候我们就要把握移情的限度，不能让自我情感突破情感观察的限度。因为归根结底，

① ［澳］简·格兰特：《移情与投射——自体之镜》，吉米·克劳利主编，张黎黎译，北京大学医学出版社 2008 年版，第 19 页。

情感观察不是自我情感的肆意表达,而是为了让我们更好地认识和理解自我与他人,培养我们同情共感的能力,为更深刻地理解写作与沟通的现实意义打下柔性的基础。

(本节主撰:叶　健)

思考与训练

1. 对身边朋友或家人做一个为期一周的“人物观察”,考察人物情绪与人物行动、人物语言等的关联,并做好记录。

2. 选择一个动态事物做为期一个月的跟踪观察,并记录下其变化发展的主要特征。

3. 举一个生活中或文学、影视作品的例子,谈谈你对情感观察和人际沟通的理解与感悟。

推荐书目

(一) 初级阅读

1. [日]赤濑川原平等编:《路上观察入门》,严可婷、黄碧君、林皎碧译,生活·读书·新知三联书店 2020 年版。

2. [白俄]S.A. 阿列克谢耶维奇:《切尔诺贝利的悲鸣》,万祖芳、郭成业译,花城出版社 2015 年版。

(二) 进阶阅读

1. [美]丹尼·L. 乔金森:《参与观察法——关于人类研究的一种方法》,龙筱红、张小山译,重庆大学出版社 2015 年版。

2. [美]罗伯特·K. 殷:《案例研究:设计与方法》(第 5 版),周海涛、史少杰译,重庆大学出版社 2017 年版。

近年来，“创意写作”(Creative Writing)成了写作领域中的热门词汇。但这个概念容易给人一种错觉——既然有需要创意的写作，自然也有不需要创意的写作。然而，这个世上有完全脱离创意的写作吗？创意难道不是应该覆盖各类写作的全过程吗？

所谓“创意写作”其实是对“创意”的突出强调。我们知道，人总是“喜新厌旧”和“好奇”的。文学理论里的“陌生化”概念，就是强调艺术应在内容与形式上违反人们习见的常情、常理、常事，超越常境；变习见为新奇，带给人鲜活的感受。“陌生化”通过增加感知的难度和时间长度，让我们感觉到事物，而非只是知道事物。尽管要实现“陌生化”，达成创意化表达很难，但仍有人选择“为人性僻耽佳句，语不惊人死不休”。第五章，我们来分享如何抓住和培育灵感，以及如何增强创意。

第五章　创意

第一节　生发灵感

生发灵感

韦伯将创新创意的能力与“灵感”联系在一起，而且认为，灵感是绝不可能通过冥思苦想得来的，起早贪黑也未必能换来灵感。如此说来，灵感不是由努力程度决定的，灵感的到来具有偶发性。那么，当灵感突至，我们应该怎么做？当灵感尚未降临，我们又是否只能束手无策？有没有一些刺激灵感生发的方法？

一、灵感需要捕捉

巴尔扎克曾说：“灵感，是天才的女神。她并不是步履蹒跚地走过,而是在空中像乌鸦那样警觉地飞过,她没有什么飘带给诗人抓握,她的头是一团烈火,她溜得快,像那些白里带红的鹤,教猎人见了无可奈何。”[①] 巴尔扎克的这段话告诉我们,如果不能快速地捕捉灵感,那么灵感就永远都只是转瞬即逝的火花,你抓不住它,也留不住它。

幸运的是,今天,我们可以比以往更便捷地捕捉和记录灵感。

二十年前,当一个绝好的 idea 闪现于脑际,人们能想到的第一件事,或许是赶紧找来纸笔将它们记录下来。那时,移动通信并不发达,笔记本电脑尚未普及,更没有智能手机。人们只能掏出笔,抓取手边那些可以承载灵感的介质——笔记本、草稿纸、餐巾纸……有些时候,甚至只能将它写在手心。而今天,我们不太可能遇到这样的尴尬了。我们只需要打开手机备忘录或者录音 APP 便可以轻松解决灵感的记录问题。大家可能会说,这是有灵感了去捕捉,如果没灵感呢?你问的其实是灵感从何而来的问题。

二、灵感从何而来

(一)向阅读要灵感

博尔赫斯说,他的作品来自知识。[②] 水野学说,“要拥有好的‘感觉’,就要积累知识,向过去学习”[③]。雷·布雷德伯里说,“好好生活,观察你的生活,养成良好的阅读习惯,探索你所阅读的内容,用来养育你最原始的缪斯”[④]。曹文轩认为,“所谓灵感,就是知识积累到一定程度之后的突然爆发”[⑤]。

世界上所有优秀的写作者,无一例外都是勤奋的阅读者。作家毛姆的阅读习惯和安排值得我们借鉴。他一般会选择在早

---

① 转引自蔡骏:《蔡骏 24 堂写作课》,长江文艺出版社 2020 年版,第 4 页。
② 转引自曹文轩:《曹文轩教你写作文》,江苏凤凰文艺出版社 2018 年版,第 181 页。
③ [日]水野学:《灵感从何而来》,颜衡晟译,电子工业出版社 2016 年版,第 69 页。
④ [美]雷·布雷德伯里:《写作的禅机》,巨超译,江西人民出版社 2019 年版,第 43 页。
⑤ 转引自曹文轩:《曹文轩教你写作文》,江苏凤凰文艺出版社 2018 年版,第 180 页。

晨头脑清醒、思想集中的时候读一会儿科学或者哲学方面的著作。工作做完后，他不再进行紧张的脑力活动，而是选择读历史、散文、评论或者传记。晚上，则读小说。除此之外，毛姆的手边总会有一本诗集，兴之所至就读上一段。床头则放着一本既可以随便从哪里开始读、又可以随便读到哪里都能放得下的书……毛姆的生活几乎被阅读撑满，但它富于变化且安排得极为人性。这些不同类型的书带给了毛姆不同的感受，也带给了他源源不竭的创作灵感。

不仅优秀的作家，哪怕平凡如你我，也多少曾经拥有过被书中某个人物、某句话、某个场景所触动，进而想表达一些什么的冲动。这种表达冲动，从某种意义上说，就是由阅读激发而来的灵感的表征。

（二）向情感要灵感

艾丽斯·马蒂森说："不论喜欢与否，每个人都会在生活中经历某些情感波动，这就是灵感的来源。但由于这类情感有时来得过于强烈（诸如欲望、愤怒和恐惧），我们往往会把它们屏蔽掉，通过自我压抑的方式回归理性。……作家只有打开心扉直面情感的涌动，才能得心应手地运用虚构手法。拥有足够强大的负面情绪承受力，以及足够强烈的自我剖析意愿，是激发想象力的前提。如果作家不愿意剖析自我，就会顾左右而言他，写一些无关痛痒的东西，就是不写引爆冲突的主要事件。"① 这段引文很长，它涉及灵感的出现与我们对它的常规应对方式。马蒂森强调了直面情感、解剖自我之于激发想象力的重要性。遗憾的是，生活中的我们可能是一个喜怒于形的人，但在写作时却常常选择压抑自己的真情实感——也许是我们害怕在作品中暴露自己的真性情，害怕那些不想让人看到的不完美和小心思，又或者是害怕剖析自我过程中的痛苦。是的，写作创造了一个解放天性、自我审视的空间，然而，很多时候，我们的羞涩、怯弱和自

① ［美］艾丽斯·马蒂森：《写作课》，王美芳、李杨、傅瑶译，北京联合出版公司 2018 年版，第 48 页。

卑让我们选择了背转身去。不妨来看看作家们是如何将情感灌注到作品中去的吧。马尔克斯说，他《百年孤独》写作中的很多灵感都来自他对外公的情感。余华在接受记者采访时也说过，他是哭着把《活着》写完的。余华认为，要是一个作家在写他的作品时不哭的话，读者就更不会哭了。霍达在其《穆斯林的葬礼》的后记中提到，她在写作中眼泪经常打湿稿纸，有时甚至不得不停下笔来痛哭一场。

所以，放下那些不必要的羞涩与戒备，解放自己的天性，到你内心奔涌的情感海浪中去找寻灵感吧。

（三）向习惯要灵感

还有不少作家惯常从习惯中寻找灵感。比如马塞尔·普鲁斯特就习惯把自己关在卧室写作，而且通常是在夜里写作。在《追忆似水年华》出版后不久的一次采访中，普鲁斯特还特意讲述了隐居的生活方式给他带来的创作上的好处。他当时的居所位于巴黎车水马龙的豪斯曼林荫大道上。为了免于干扰，他摘掉了电话，并听从了朋友安娜·德·诺瓦耶的建议——将卧室的墙壁和天花板都覆上软木板。

也有习惯在户外寻找灵感的作家。劳伦斯就喜欢在树林里写作，把树木当作生活的伴侣。他在德国埃伯斯泰因贝格附近黑森林中的大冷杉树下完成了他的第七部长篇小说《亚伦的神杖》。他在意大利加尔加诺的柠檬树林边复核《儿子与情人》的校样，还写了一些诗歌和散文。他在托斯卡尼一株巨大的意大利五针松下写出了《查泰莱夫人的情人》。此外，他还在英格兰赫米提吉村的礼拜堂农舍的苹果树下的椅子上写作，在墨西哥湖边的一棵柳树的拥抱下写作……

有一些作家习惯在浴缸中找灵感。毛姆说，当他的身体一浸入水中，这一天的最初两个句子便浮出脑际。《西哈诺·德·贝尔热拉克》的剧作者埃德蒙·罗斯丹，也喜欢在浴缸中寻求灵感。为了避免在创造力密集迸发时有任何中断，他甚至会洗极长时间的澡。阿加莎·克里斯蒂计划整修她的宅邸“绿廊之家”时，告诉建筑师，必须要安排一个带壁架的大浴室。那些精妙绝伦的侦探小说情节，便是克里斯蒂在一个维多利亚式的大浴缸里放松时，一点点构想出来的。她还很喜欢吃苹果。据说，如果人们要想知道她的工作进展，或者她花在写作上的时间，可以看绕着浴缸的木壁架上的苹果核数。

还有一些作家喜欢在移动中寻找灵感。雨果、梭罗、华兹华斯、狄更斯、伍尔夫……都是习惯在步行中找寻灵感的作家。

（四）向梦境要灵感

詹姆斯·斯科特·贝尔认为，“梦境能够给予我们通过其他途径无法获得的隐秘素材”[①]。回忆一下，你是否在梦境中经历过惊魂一刻，又是否快乐地笑出声来？那可都是灵感的来源。贝尔主张在床边放一个小本子，一旦从梦中惊醒，便将它记录下来，至少在清晨起来时，做一个简单的记录。但很多的梦，如果你惊醒时没有立即记下，断然是熬不到清晨起床的。你除了记得做了一个梦，便什么也记不起来。所以，如果你真的珍视那些梦境带来的写作素材与灵感，请不要等到天明或你认为的“有空时”。

（五）向偶遇要灵感

关于灵感的获得，艾丽斯·马蒂森的建议是走出书房，去那些没人认识的地方独处一会儿，随心所欲乱写一气，不管有没有用；又或者去个不太能碰见熟人而又人流密集的地方，盯着过往的人看，直到能激发出创作灵感的目标人物出现。[②] 在人来人往中，我们会看到多样的场景和人：十指相扣的恋人、哄孩子的父母、追逐嬉闹的儿童、和店员争吵的顾客……他们都是你的灵感之源。更棒的是，走出去时，你偶然得到了一个他人所述的好故事。比如，海明威《老人与海》的故事原型，不就来源于一位老渔民的讲述吗？

---

① ［美］詹姆斯·斯科特·贝尔《冲突与悬念：小说创作的要素》，王著定译，中国人民大学出版社 2014 年版，第 19 页。

② 参见［美］艾丽斯·马蒂森：《写作课》，王美芳、李杨、傅瑶译，北京联合出版公司 2018 年版，第 49 页。

备受儿童喜爱，且被认为是成年人都适合观看的日本动画片《蜡笔小新》，来源于臼井仪人在医院的一次偶遇。对方是一位因伤心过度而精神异常住进医院的妈妈——她的儿子小新在5岁那年，为了保护自己的妹妹，不幸在车祸中丧生。母亲太过思念自己的孩子，便用儿子生前最爱的蜡笔，描绘记录了小新出生后的点点滴滴。并写道："如果还活着的话，会这么快乐吧。"臼井仪人被这个故事深深感动了，他决定将小新塑造成一个既天真又成熟、既搞笑又智慧的形象，让这个能够为妹妹舍弃自己生命的小新，能够永远地留在人们心里。这就是我们今天看到的《蜡笔小新》。当然，这个故事背后的故事太过伤感，我们还是希望人间少一点悲剧。

期待大家都能找到属于自己的生发灵感的密码。如果上述方法均宣告无效，那就无所事事地坐上一阵子吧。将艾丽斯·马蒂森的两句话送给大家："想象力有时是憋出来的。我们探讨过浪费时间的必要性，请不要吝惜。"①

（本节主撰：黄海燕）

运用联想

第二节 运用联想

联想是指由于某人或某事而想起其他相关的人或事物，由于某概念而想起其他相关概念的心理活动或思维过程。这种客观事物在人脑中的反映，取决于一个由此及彼的心理过程，是促成很多言语修辞的心理机制。从心理学角度看，联想的心理活动过程大约为外界刺激使人的大脑留下兴奋的痕迹，即我们通常说的表象，这些表象激活了一些存储在记忆中的信息，被激活的信息又促使人们去回忆以往的知识和经验，找出与表象相似或相关的那部分，建立起表象与自己的知识和经验的有效联系，从而创造出一个新形象的思维过程。这里，我们主要来谈谈偏

① ［美］艾丽斯·马蒂森：《写作课》，王美芳、李杨、傅瑶译，北京联合出版公司2018年版，第52页。

离某种语言范畴或已有认识和经验的联想，我们将其称为创造性联想。

一、超越语言的“概念溶合”

语言具有强大的创造性，我们的语言能力可以让我们用有限的规则去生成和解释无限多的句子。创造性的联想，实际上就是打破语言迫使我们接受的概念束缚。譬如我们熟知的诗歌语言，诗人们往往将人们已经条理化、固定化的语言模式解包、打破，运用创造性的想象赋予语言新的形象，而这种形象甚至是“不合理”或者说“违反逻辑”的，但这种“不合理”和“违反逻辑”，又是为人们所接受的。例如，顾城的《远和近》：

你
一会看我
一会看云

我觉得
你看我时很远
你看云时很近①

语言的明晰性把“远”和“近”界定为概念内涵明确的范畴，同时语言的二值倾向性又使我们把“远”和“近”看成是互相对立的范畴，你既然能看到我，说明双方距离本该很近，而云处天际，它与人的距离本该遥不可及，诗人却透过语言的表层范畴，用看似不合理的陈述引起读者的疑惑和震惊，迫使读者重新调整它的概念范畴，将“近在咫尺”和“遥不可及”的固定概念打破，产生一种新的“概念溶合”，从而表达作者对人与人之间亲密、良好关系的追求与向往。

这种在诗歌中出现的打破常规的现象也常常出现在比喻中，我们仍然可以用一个简单的例子说明比喻中的概念溶合。“海上骏马”被用来形容我国自行研制的高速气垫登陆艇，从语

① 顾城：《你看我时很远：顾城诗选》，河南文艺出版社2018年版，第41页。

言学上分析，“骏马”和“高速气垫登陆艇”的主要相同义素及区别性义素如表 5-1：

表 5-1 “骏马”和“高速气垫登陆艇”的主要相同义素及区别性义素

骏马	+ 速度快	+ 有生命	+ 在陆地上
高速气垫登陆艇	+ 速度快	- 有生命	- 在陆地上

可见这种创造性联想摒弃了二者有无生命，和前者在陆地上活动，而后者需要在水上活动的事实，将二者的性能和功用进行溶合，从而达成“超越语言”的交际效果。

二、“错误”的儿童语言

儿童语言中常常出现很多语义“错误”，而这些错误，往往具有“超越语言”的表达与交际效果。在成年人看来，这不仅富有童真的浪漫，还颇有诗意。例如，有孩子把彩虹说成彩桥，把天上的云说成羊群在天上飞，把高架桥说成是 window-bridge(窗桥)，还有孩子把月亮比喻成 shilling in the sky(天上的先令硬币)。显然，这些说法都是儿童运用自己的认知和概括能力，超越语义的概念范畴，仅仅以物体的形象类同作为基础，把物质的外形当作具有决定意义的标准进行的创造性联想。这种联想在成人看来是别出心裁，而儿童仅仅只是发自本心。

对儿童文学进行探索，我们还能发现更多有趣的联想。例如，儿童诗人姜二嫚的语言充满想象，我们来看看她的两首诗歌作品。

光

晚上
我打着手电筒散步
累了就拿它当拐杖
我拄着一束光[①]

① 姜二嫚:《姜二嫚的诗》，小里予绘，浙江文艺出版社 2020 年版，第 4 页。

月亮（之二）

（1）

月亮吃饱了天上的乌云
肚子就圆了
然后
开始生星星

（2）

每生出一颗星星
月亮的肚子
就缺一块

每生出一颗星星
月亮的肚子
就缺一块

生了满天的星星之后
月亮的肚子
就完全扁了[①]

有人说，孩子是天生的诗人。小作者用拐杖来形容光线，将月亮的阴晴圆缺说成是生星星。这样的形容看似荒诞，却又让我们为之叫绝。这样的语言在用童真唤醒成年人美好回忆的同时，也给予我们创作上的思考和启发。因为成人对联想的创造性运用和儿童语义上的“错误”，在本质上都是通过对语言某些范畴的变异运用，而实现出人意料的表达效果。其区别就在于成人“谙熟习用的范畴，并且知道自己偏离了哪些范畴，而儿童则是无意识的”[②]。这种有意识的偏离语言的某些范畴，往往

① 姜二嫚：《姜二嫚的诗》，小里予绘，浙江文艺出版社 2020 年版，第 5 页。
② ［英］杰弗里·利奇：《语义学》，李瑞华等译，上海外语教育出版社 1987 年版，第 55—56 页。

能在创作中收获奇效，从而让我们的作品产生出人意料的表达效果。

要想将创造性联想熟练而巧妙地运用于言语作品的创作中，在记忆中为外界刺激寻找一个富有创意的联想对象，非常重要。我们可以打破线性递进的逻辑思维惯性，将外界刺激和脑海中已有的知识和记忆构建成一个立体多维的整体，充分调动我们的想象、直觉、灵感、审美等诸多因子，将思维发散开来，综合运用横向思维、纵向思维、逆向思维、侧向思维、颠倒思维、分合思维等思维方法，寻找创意的来源。此外，还需要我们有一双发现生活之美的眼睛，用心去爱，去体会，去感动，尝试用孩童的心境为外界刺激寻找一个天真烂漫且富有诗意的承接对象。

运用创意思维，以多元的方式从事言语作品的创作，是增加其艺术魅力和经济价值的重要手段。散文、诗词、小说、戏剧、新媒体文案等的创作中，运用创意性联想能打破语言的平庸陈腐，让言语作品风貌给人耳目一新的感觉。这是文学创作的必然要求，也是以创意为突出特征的文化发展的时代要求。

（本节主撰：段雪璐）

第三节　借助典故

借助典故

以典入文，是一种提升作品创意的修辞方式。我们在言语作品中引用古代典籍记载的知名事件或有来历有出处的词语、佳句，来表达作者某种愿望或情感，从而增加文章语言之典雅、内涵之丰富、意境之深远的表现手法，即称用典。

一、用典的作用

巧妙恰当的用典，不仅可以避免一览无余的直白表述，使语言简洁凝练、庄重典雅，还能提升作品的说服力和感染力，达到力透纸背、掷地有声的表达效果。例如，嵇康身长七尺八寸，风姿特秀，善饮常醉，山涛形容其：

嵇叔夜之为人也，岩岩若孤松之独立；其醉也，傀俄若玉山之将崩。①

自从山涛将醉后的嵇康比喻成玉山将崩后，后世文人写人醉倒每喜用此。

李白在《襄阳歌》中自吟："清风朗月不用一钱买，玉山自倒非人推。"② 白居易在《蓝田刘明府携酌相过与皇甫郎中卯时同饮，醉后赠之》中写朋友曰："玄晏舞狂乌帽落，蓝田醉倒玉山颓。"③ 孔尚任《桃花扇》第六出亦有"金樽佐酒筹，劝不休，沈沈玉倒黄昏后。"④

如此看来，嵇康醉酒后的"玉山倾倒"之态，成为后世文人雅士争相讴歌和效仿的经典，"玉山倾倒"这一说法，也成为人们化用之典故。

二、用典的方法

所用之典，可以是古代典籍里所记载的知名事件，也可以是古人的经典言论。据此，用典方式可以分为用事和用言两大类。

（一）用事

用事，即把历史故事浓缩为固定典面，借以影射时事或抒怀言志的用典方法。典面即典故的短语化语言表达形式。我们来看下面的例子。

陶渊明嗜酒，某年重阳思饮而无酒，恰有刺史王弘派差役送酒上门，又因差役穿白衣，后人便以"白衣送酒"作为咏重阳的典故入诗。下举三例。

杜审言《重九日宴江阴》："降霜青女月，送酒白衣人。"⑤ 借用陶渊明的事，自述重阳宴饮之事。王维《偶然作六首》其四："白衣携壶觞，果来遗老叟。"⑥ 以陶渊明自比，自述重阳得酒的

① 〔南朝宋〕刘义庆：《世说新语》，刘孝标注，王根林标点，上海古籍出版社 2012 年版，第 125 页。

② 〔唐〕李白：《李白集校注》，瞿蜕园、朱金城校注，上海古籍出版社 1980 年版，第 473 页。

③ 〔唐〕白居易：《白居易集》，喻岳衡点校，岳麓书社 1992 年版，第 1018 页。

④ 〔清〕孔尚任：《桃花扇》，吕雅贤、陈平注，华夏出版社 2000 年版，第 51 页。

⑤ 〔唐〕杜审言：《杜审言诗注》，徐定祥注，上海古籍出版社 1982 年版，第 23 页。

⑥ 〔唐〕王维：《王维诗集》，〔清〕赵殿成笺注，白鹤校点，上海古籍出版社 2017 年版，第 115 页。

喜悦。李白《九日登山》:"因招白衣人;笑酌黄花菊。"[①] 这里说州牧备酒,自己应邀共度重阳。

这便是借白衣人送酒陶渊明的历史事件抒怀言志的用典方式。

又如《红楼梦》第三十七回,大观园的姐妹要成立诗社,在取别号时探春戏谑黛玉时说:

当日娥皇、女英洒泪在竹上成斑,故今斑竹又名湘妃竹。如今她住的是潇湘馆,她又爱哭,将来她想林姐夫,那些竹子也是要变成斑竹的。以后都叫她作"潇湘妃子"就完了。[②]

娥皇女英是我国古代的传说故事,描写娥皇和女英面对因为战争丧生的舜帝,只能扶竹泣望,眼泪滴在湘江边的竹子上,泪痕不褪,点点成斑来表现坚贞的爱情,借用这一典故为黛玉取号,意思便再明显不过了。

(二) 用言

用言,是化用前人诗句或经典言论的用典方法。用言又可分为直接引用和化用原句某些词语两种方式。

1. 直接引用

如《晋书·王敦传》中:

帝大怒,下诏曰:"王敦凭恃宠灵,敢肆狂逆,方朕太甲,欲见幽囚。是可忍也,孰不可忍也!"[③]

"是可忍,孰不可忍"语出《论语·八佾》,是孔子谈论季平子在自家庭院用六十四人的乐舞队奏乐舞蹈,以致破坏周礼时的言论。这里借用孔子的原话和口吻来表达愤慨。

习近平总书记古典文学素养深厚,在一系列重要讲话和文章中都善于从诸子百家和历代文人、政治家的经典名句中旁征博引,用古代经典名句恰到好处地表达中国共产党人立场和观

① 〔唐〕李白:《李白集校注》,瞿蜕园、朱金城校注,上海古籍出版社 1980 年版,第 1204 页。

② 〔清〕曹雪芹、高鹗:《红楼梦》,商务印书馆 2016 年版,第 294 页。

③ 〔唐〕房玄龄等:《晋书》,曹文柱等标点,吉林人民出版社 1995 年版,第 1546 页。

点。例如，他在第二届“一带一路”国际合作高峰论坛开幕式上的主旨演讲中说道：

中国古人说：“万物得其本者生，百事得其道者成。”共建“一带一路”，顺应经济全球化的历史潮流，顺应全球治理体系变革的时代要求，顺应各国人民过上更好日子的强烈愿望。①

这里引用汉代刘向《说苑》中的句子，强调世间万物如果保住根本就能生长，而一切事情只要符合道义就能成功。又如，他在第二届“一带一路”国际合作高峰论坛欢迎宴会上的致辞中说道：

“与君远相知，不道云海深。”2013年，我提出了共建“一带一路”倡议。如今，经过各方共同努力，共建“一带一路”蓝图初步绘就，成果逐渐呈现。在这一过程中，来自不同国家的朋友相识相知，结成了紧密的合作伙伴。②

这里引用王昌龄《寄欢州》的诗句喻指虽然路途艰险，只要心意相通，就无畏路途的遥远。这些典故与大众化的语言配合使用，使得典故运用自然，与所要表达的主旨相得益彰，不仅形成了极富魅力的语言风格，还带给人们深刻的思想启迪、精神激荡与文化自信。

2. 化用原句

借用原句中某些词语的用典方法又称发散式引经据典。这种用典方法，并不照录古代诗词或古人经典言论原文，而是将其进行发散后暗用于自己的言语作品中。例如辛弃疾的《西江月·醉里且贪欢笑》：

醉里且贪欢笑，要愁那得功夫。近来始觉古人书，信着全无是处。③

---

① 《习近平：推动共建“一带一路”沿着高质量发展方向不断前进》，新华网，http://www.xinhuanet.com/world/2019-04/26/c_1124419194.htm，2019-4-26。

② 《学习用典｜与君远相知，不道云海深》，央视网，http://m.news.cctv.com/2019/04/28/ARTIiTgBcAfsDEnwNnwrY6R0190428.shtml，2019-4-28。

③ 〔宋〕辛弃疾：《辛弃疾全集校注》，徐汉明校注，华中科技大学出版社2012年版，第513页。

辛弃疾认为古书中的许多至理名言，在是非颠倒的现实社会中已经行不通了，因此化用了《孟子·尽心》中的名言“尽信书，则不如无书”，来表达对现实的愤懑之情。

这种用言方式，也多见于当代文学作品中。例如，辛弃疾《丑奴儿·书博山道中壁》中的“少年不识愁滋味，爱上层楼。爱上层楼，为赋新词强说愁。”被周国平化用为：

喜欢谈论痛苦的往往是不识愁滋味的少年，而饱受人间苦难的老年贝多芬却唱起了欢乐颂。①

又比如李白的“床前明月光，疑是地上霜”，余光中借用在《独白》中：

月光还是少年的月光，九州一色还是李白的霜。②

如此用典，不仅增加了作品的深度和文学性，同时还打上了作者的自我烙印，注入了鲜明的自我认知和思考。

总而言之，在言语作品的创作中，我们要根据实际情况，选择合适的用典方法，既要师典故之本意，又要能于故中求新，更须能令典如己出，充分为己所用。此方为用典之佳境。

三、如何用好典故

以上，我们体会了用典的精妙，学习了用典的方法；但如何才能用好典故呢？

（一）阅读经典，采撷精粹

“不积跬步，无以至千里，不积小流，无以成江河”，只有将经史百家，藏诸脑海，才能做到将合适的典故信手拈来，挥洒自如。我们常说“书中自有黄金屋”“书中有女颜如玉”，其实书中不仅有“黄金屋”和“颜如玉”，书中还有乾坤万物和整个世界。阅读经典，充分汲取经史百家的知识养分，不仅仅是用好典故的基础，亦是实现写作与沟通的重要手段。

（二）谨慎用典，不掉书袋

用典固然可使我们的作品锦上添花、引人共鸣，但切不可滥

① 周国平：《灵魂只能独行》，人民文学出版社 2009 年版，第 239 页。
② 余光中：《诗歌精读·余光中》，浙江人民出版社 2018 年版，第 20 页。

用典故，不能为了用典而用典。诸如记流水账一般简单罗列名人名言或历史故事，看似光彩华丽，实则只是胡乱拼凑，肆意堆砌，贩卖文字，让整个作品牵强附会、不伦不类，令人眼花缭乱、不知所云。所谓过犹不及，便是如此。

（本节主撰：段雪璐）

思考与训练

1. 与大家分享你捕捉灵感的故事或获得灵感的经验。
2. 请运用创造性联想描写一下你书桌上的某样物品。
3. 举出一个因用典而彰显出创意的案例。

推荐书目

（一）初级阅读

1. [美]雷·布雷德伯里：《写作的禅机》，巨超译，江西人民出版社2019年版。

2. [美]刘、洛帕-布兰顿：《想象力第一：释放可能的力量》，王蕾译，华东师范大学出版社2012年版。

3. 许道军、葛红兵：《创意写作：基础理论与训练》，广西师范大学出版社2012年版。

（二）进阶阅读

1. [美]米哈里·契克森米哈赖：《心流：最优体验心理学》，张定绮译，中信出版社2017年版。

2. 罗积勇：《用典研究》，武汉大学出版社2005年版。

3. 范之麟、吴庚舜主编：《全唐诗典故辞典》，湖北辞书出版社1989年版。

走过前五章，我们领会了写作的正确姿态，明确了写作的基本规范，了解了阅读与观察的重要性及主要方法，知道了如何获得灵感、实现创意，似乎很有了一些可以动笔去写的底气了。但接下来，又一定会面临这样几个问题：我最主要想表达什么？如果它是件文学性作品，我要如何塑造人物、结构人物关系，如何设置冲突、架设悬念？如果它是件说理性作品，我又如何提出一个好问题，并与文献对话呢？上述问题都与写作步骤相关。写作必是有步骤可循的。否则，它便只能由着个人随性发挥、任意落笔；而至于能否成功，便主要仰仗运气了。但，步骤又绝不是完全固定的，它仍然有相对灵活的可调整性，在实际的写作中往往还会出现循环往复的情况。第六章，我们主要介绍确定主题、文献综述、选择材料、谋篇布局、精心打磨等五大步骤。

第六章　步骤

第一节　确定主题

确定主题

“深入生活，获得材料，经过分析、研究，上升到理性认识，进而确定主题，然后进入创作过程，这是文艺创作的一般规律。”[①] 事实上，不仅艺术创作如此，一切的写作也都基本遵循“主题先行”的逻辑。主题不定，举笔必信马由缰；面对材料必不知取舍。

这里我们首先要明确写作的对象不等于写作的主题。比如，

① 孙世华：《主题先行与先有主题》，《吉林师范大学学报（人文社会科学版）》1979年第3期，第71页。

同是写父亲，主题可以完全不同：既可以是讴歌父爱的伟大，也可以借由写父亲来讲空巢老人的社会问题。只有想清楚了，你才能说：我确定了写作的主题。

一、“文以载道”

中国文学一向有“文以载道”的传统。“文以载道”，“文”即文章，“道”即道理、思想，“文以载道”的意思就是写文章、搞创作要阐明某一道理、表现某种思想，其中的道理、思想就是作品的主题。

明末清初杰出的思想家、经学家顾炎武认为：“文之不可绝于天地间者，曰明道也，纪政事也，察民隐也，乐道人之善也。”[①]文章如此，影视亦如此。美国电影学者波布克也说：“任何一部影片首先需要考虑的是主题。如果观众抓不住影片讲的是什么，那就很难指望他们去评论、分析和研究它。如果影片制作者不知道他要说的是什么，他就不可能制作出一部能起交流作用的艺术作品。”[②]

文学、影视、绘画、摄影等的艺术形式不同，“载道”的道理相通。尽管文学理论中有“文道对立”与“文道统一”、“重道轻文”与“文道并重”的争论，但不管是哪种观点，都承认一篇文章应阐明某一道理、表现某种思想。

二、什么是主题

回到写作，文章的主题是指通过作品描绘的社会生活所显示出来的、贯穿全篇的中心思想，也就是一部作品所显示出来的思想意义。

比如大家非常熟悉的朱自清的散文《背影》，从中你能读出什么呢？有人说他读出了父亲送儿子去上学，到了车站爬上爬下给儿子买橘子，还有那些琐碎的叮嘱。没错，《背影》确实写了这些事实。但我们可以进一步追问，这些事实显示了什么样

① ［清］顾炎武：《日知录》，北方妇女儿童出版社2001年版，第107页。

② ［美］李·R.波布克：《电影的元素》，伍菡卿译，中国电影出版社1986年版，第22—23页。

的思想意义呢？说得简单点就是四个字——父子亲情，说得详细点就是父亲对儿子无微不至的百般疼爱和作者在生活不如意的境况下对父亲的深切思念。这就是《背影》一文的主题。

主题是作品的灵魂，是文章的"统帅"，材料的运用、情节的设计、细节的刻画、结构的安排等，都要围绕表现主题而展开，为表现主题服务。这样说并不是强调谁比谁更重要，而是指材料、情节、细节、结构等与主题之间一定要有内在联系。

在《背影》一文中，作者主要写三件事：一是父亲坚持送"我"去车站；二是父亲送"我"上车；三是父亲给"我"买橘子。其中一和二写得简略，三写得详细。父亲送"我"上学的途中一定还发生了很多别的事，比如"到南京时，有朋友约去游逛，勾留了一日"，为什么只有这一句就再无下文了？自然是因为这件事和主题无关。为什么一、二简写，三要详写呢？这是因为买橘子这件事以及其中的画面和细节最能显示"父子情深"。

另外，文中还有看似非常"琐碎"的对话、场景与细节，如"他给我拣定了靠车门的一张椅子；我将他给我做的紫毛大衣铺好座位。他嘱我路上小心，夜里警醒些，不要受凉。又嘱托茶房好好照应我。"读者是不是觉得这个父亲多了点婆婆妈妈，少了点男子汉气概呢？对，但正是这些婆婆妈妈的细节把一个舐犊情深的父亲刻画得栩栩如生，文章的主题也因此变得更加鲜明和深刻。

三、主题的确立

有人可能会问，朱自清写作《背影》之前真的想到要表现这个主题并围绕这个主题来组织材料吗？这实际上是在问写文章能否主题先行的问题。所谓"主题先行"，是指作家在进行文学创作时，头脑中先有一个主题，然后在这一主题的指导下进行创作。[①]

① 参见毛夫国：《再论〈子夜〉的"主题先行"》，《文艺理论与批评》2015年第6期，第81页。

关于能否主题先行有很多讨论，比较复杂，不同的论者各执一端。能否主题先行，不能一概而论。一要看如何定义主题先行，二要看是什么文体。

“文革”期间有一种意识形态操控下的“主题先行论”，即根据政治需要，先确定所谓作品的“主题”，然后根据“主题”的要求填进适当的“人物”和“情节”，使“主题”得以表现。这种方法用“从概念出发”代替“从生活出发”，违背了文学源于生活的一般创作规律，因而也最为人所诟病。[①] 所以，如果把主题先行理解为“概念 + 例子”，脑子里先冒出一个政治正确或催人泪下的“概念”，然后到生活中去找特例来证明，这种“主题先行”是不可取的。

当然，也有学者认为主题先行不是问题。任何的文学写作都是“主题先行”，它是一种必然的东西。这本是符合文学创作规律的一个概念，作家在进行创作时头脑中肯定会有一些设想。[②] 清末文章学家刘熙载曾言：“古人意在笔先，故得举止闲暇；后人意在笔后，故至于手忙脚乱。”[③] 所以，如果把主题先行理解为“意在笔先”，即在体验生活和占有材料的基础上，下笔之前先有了“意”，即主题，然后再按主题来选择、组织材料，这种“主题先行”不但可行，而且非常普遍。例如，现代剧作家曹禺写《雷雨》和当代作家高晓声写《陈奂生上城》都有类似的体验。

再说其他文体、应用文、议论文写作明显也都是主题先行的。至于新闻报道，记者可以带着问题去采访，但绝不能带着判断去采访。否则，偏见的指引将使得记者只关注那些能证实自己预判的事实，而忽略掉与自己预判不符的事实，进而伤害新闻

---

① 参见毛夫国：《再论〈子夜〉的“主题先行”》，《文艺理论与批评》2015 年第 6 期，第 81 页。

② 参见毛夫国：《再论〈子夜〉的“主题先行”》，《文艺理论与批评》2015 年第 6 期，第 81 页。

③ 〔清〕刘熙载：《艺概》，上海古籍出版社 1978 年版，第 7 页。

的真实性。易言之，新闻写作必须要建立在事实的基础上，遵循客观真实的基本原则，不可玩“概念 + 例子”的把戏，不能脱离事实、强行拔高，更不许无中生有。

四、主题的提炼

除了目标明确的应用文之外，文艺作品主题的确立是一个生活体验与人生感悟的渐进过程，主题明确之前离不开对素材的获取、归纳与分析，而要使主题更加集中、深刻，则更需要反复提炼。

在此次抗击新型冠状病毒肺炎疫情的过程中，我们耳闻目睹了很多一线医务工作者的感人故事，心中或许会慢慢形成“大爱无疆，舍己奉献”的主题，乃至有想向这些勇士致敬并传承他们这种精神的冲动。如果要写成文章，后面自然要进一步了解故事详情、收集更多的同类资料，然后去粗取精，结构成篇。

就文学创作而言，常见的主题有生与死，善与恶，情感(爱情、亲情、友情和乡情等)，励志与奋斗，战争与和平，英雄主义，公平与正义，苦难与成长，爱国主义，忏悔、批判与反思……

那么，一篇文章或一部作品可以有几个主题呢？清刘熙载说，文有七戒，其一即“旨戒杂”[①]。文章的主题要单纯，且要贯彻始终，不能多且杂，文学作品、新闻作品、学术论文皆然。如北宋大文学家苏轼的《江城子·乙卯正月二十日夜记梦》，这是一首为原配妻子王弗写的悼亡词，表达了作者深切怀念亡妻的思想感情和心中绵绵不尽的哀痛伤感。这种感情基调或许跟作者当时官场失意的思想状态有关，但如果他要表现自己官场失意的郁结之情、人生旷达豪放之情，就得另外创作别的篇章了，因为这些主题思想很难表现在同一篇文章之中。

(本节主撰：吴　辉)

① 〔清〕刘熙载：《艺概》，上海古籍出版社 1978 年版，第 46 页。

写作进程

第二站：确定选题

要　　求：

各小组结合阅读与观察，确定选题（鼓励具有公共属性的选题），初定题目，并简要说明作品体裁、选题缘由和选题价值。

温馨提示：

1. “题好文一半”。

2. 选题不宜过大。

3. 选题难度应考虑和小组能力匹配，并考虑规定学时内的可执行性。

往期学员案例分享

■《当我们看向镜子时，我们看见什么？》

作　　者：午夜植物（邵佳、詹若辰、吴雨娟、张飞鸿）

主　　题：拒绝身体歧视

体　　裁：独白剧

选题缘由：身体歧视（body shame）指的是或有意或无意地对他人的外在特征，包括长相、身材、体重等，发表负面言论的行为。在浏览网站时，我们偶然发现，原来不仅仅我们（我们 4 人各有“身体缺陷”），就连包括 Billie Eilish 等在内的明星，也都曾因为自己外貌的不完美而被他人讥讽、嘲笑过。原来，有很多的人跟我们一样，经历过或正经历着被身体歧视的痛苦。我们决定在独白里展现伤痛，告诉那些伤害它应该停止。同时，我们也期待在独白里治愈自己。

选题价值：让大家意识到身体歧视对我们每一个人的不良影响，呼吁停止或有意、或无意的身体歧视，并激励受伤的人们学着正视镜中的自己，走出被身体歧视的阴影。

第二节　文献综述

文献综述是对研究主题的研究现状做综合性概括及评价的一种文体。它是论文写作的核心环节，能为论文的深入研究提供有

文献综述

力的支撑。文献综述的扎实程度直接影响论文质量的高低。虽然文学写作、新闻写作等,不需像专业的学术研究那样,以文献综述为必要的前提;但是文献综述的这一套思维方法,对于任何类型的写作而言都是很有启发价值和借鉴意义的。例如,福克纳之所以将《喧哗与骚动》认定为是自己"最伟大的作品",其中一个重要的原因就在于他知晓这部作品的独特性、创新性。独特性、创新性,是福克纳将《喧哗与骚动》对标其他作品的认知结果。今天,当我们打开《喧哗与骚动》,看到它时间错位排列的结构方式,意识到它多声部的叙事方式,发现它多个页面从头到尾无一处句读的标点方式时,多少会理解福克纳为何说它是自己"最伟大的作品"。

总的来说,文献综述有助于我们了解自己所确定的写作主题,前人曾经走到了何处,他是如何走的,是否有错步,以及我能否走得更远;能够帮助我们再次确认我所选定的主题是否是个真问题,是否具有一定的研究价值,会不会重复劳动,是否还有继续开拓的空间,等等。

主题基本确定后,文献综述就有了具体的指向,我们便可以开始更为明确的文献检索和查阅了。首先面对的问题是——什么是文献?所有与你研究相关、能够帮助你进行论证的资料都可以进入你的文献框。它包括专著、论文、报告、年鉴、新闻报道、档案、传记、访谈记录,甚至个人日记、出土文物,等等。在"学术文献的阅读"一节中,我们已经介绍了文献的选取与管理、文献的阅读方法,等等。此处我们重点介绍如何开展文献综述的写作。

一、结构化处理文献

所谓结构化处理文献,是指按照某种方式对文献加以归纳和整理,以使其条理化。它突出考验写作者合理分类、高度概括和精准凝练文献的能力。如果不对文献做结构化处理,文献就只是一堆零散的材料。有些写作者习惯用类似这种方式来罗列文献:"某某某在某某文章中提出……某某某在某某文章中提出……某某某在某某文章中又提出……"这种文献综述充其量只是不同研究者观点、言论的机械堆砌而已,根本无所谓

"综",是典型的偷懒行为。那么,结构化处理文献的常用方式有哪些呢?

(一) 按照时间线梳理

对于具有明显阶段性特点的研究,我们可以采用按照时间线梳理的方法来结构化处理文献。这种文献处理方式,不仅能够较好地展现既往研究的发展脉络,也便于研究者探寻发展的原因。

(二) 按照相似性梳理

这里的相似指研究观点的相似或研究范式、研究方法、研究视角等的相似。我们可以不同的研究观点为中心,围绕它们分类汇集代表性文献和研究者。此种方法对具有明显流派特征或争论较大的研究较为适用。还可以不同的研究范式、研究方法、研究视角等为中心,围绕它们分类汇集代表性文献和研究者。此种方式对具有明显路径界限的研究较为适用。

(三) 按照疏密性梳理

按照与研究主题疏密程度的不同,我们可以把文献分为核心文献、次核心文献和边缘文献。当与自己研究对象、研究问题高度相关的核心文献较为稀缺时,我们需要逐层扩大文献的检索范围,得到次核心文献甚至边缘文献。在这种情况下,我们就可以按照涟漪式的模型,由密至疏结构化处理文献。

(四) 按照逻辑性梳理

当不同文献或文献群之间具有互补或递进等关系时,我们可以考虑按照其逻辑关系进行梳理。此种方法有助于将文献串联为具有关联性的整体,展现研究发展的内在理路。此种方式对写作者的要求通常高于前三者。

在实践中,上述几种方法往往会交叠使用。至于采用哪种或哪几种方法,关键取决于你占有文献的情况。

二、比较分析文献

在对文献做了结构化处理后,我们就可以对其进行比较分析了。比较分析有助于你后续展开文献评价。这一部分工作虽非必须呈现在你的文献综述里，但写作者应做到心中有数。

（一）比较研究的材料

研究依据的材料不同，结论就很有可能不同。特别是在历史学等研究领域，一个新文物、新材料的发现就可能足以推翻此前的研究结论。例如三星堆的考古发现就改写了古蜀文明历史。

（二）比较研究范式或方法

哪怕研究对象和研究问题一致，由于研究范式或方法不同，也可能得出完全不同的结论。比较上述差异，可以帮助我们判断所用范式或方法的适切性，理解它们的优缺点。这能给写作者选择或创新研究范式及研究工具，提供参考。

（三）比较研究的角度

所谓“横看成岭侧成峰”，不同的研究角度也会得出不同的研究结论。比较不同的研究角度可以帮助我们更为全面地认识研究对象和研究问题，有助于开拓研究视野，防止研究的窄化。

三、客观评价文献

有些写作者在开展文献综述工作时，仅结构化处理文献，只概述和凝练当前的研究成果，却不加评论。如此，就算前人观点概括整理得再好，意义也非常有限。因为，如果不做评价，既难以明确选题的意义，也难以明确如何站在前人的肩膀上推进研究。

评价文献时应做到客观公允，既要看到前人的贡献，又要看到前人的不足；既要谈亮点、说缺点，又要提盲点、讲弱点。同时，评价要关注量，更要关注质。量，只能证明相关研究者多，形成了规模可观的学术共同体和研究成果；质，则更为真实地反映出研究水平。

四、提出研究趋势和有待开拓的研究空间

提出研究趋势和有待开拓的研究空间是文献综述的落脚点。如果你在综述完前人文献后，发现自己能想到的观点、角度、方法都已经被穷尽了，怎么办？出现这种情况的原因是多方面的。可能是自身的学术积累还不足，洞见不够；又或者这一主题的研究确实已经做烂、做透，进入了“高原期”。要改变这种情

况，一是多读书，多读有助启智；二是要向前辈多请教，及早“避坑”。前者是“长脑子”，后者是“借脑子”。

需要补充强调的是，我们不能按照自己的偏好选择文献，因为这极容易导致关键性文献被遗漏，并严重影响对研究现状的整体评价；也不能为了追求精致的结构，而忽略、清理掉某些难以被结构化处理的文献；不能故意放大当前研究的不足，以突出自己研究的价值；更不能为了将某篇或某些重要文献转变为自己的研究所得，而故意在结构化处理中将其遮蔽。相信当你扎扎实实完成了文献综述的工作后，你会对自己将要开展的写作会更有底气，更有信心。

（本节主撰：黄海燕）

第三节　选择材料

选择材料

材料是文章写作的基础。真正有价值意义的文章往往都是在拥有丰富材料的基础上写作完成的。所谓“巧妇难为无米之炊”，没有写作材料，即便写作造诣再高，也难以创作出优秀的文章。材料是文章的血肉，有了丰富的材料，文章才能血肉丰满。

一、写作材料的概念辨析

写作材料是写作者为了写作目的需要，观察、收集、积累而写入文章中的一系列事实、理论、思想等。

在文章写作中，材料还存在资料、题材、素材等之分。资料常被用在学术论文 / 报告的写作中，是可供参考、提供依据的材料。题材则是被写作者加工提炼后的产物，用来表达文章主旨并可写入文章中的材料。素材的所指范围更大，往往是写作者从生活实践中积累起来，分散零碎且往往没有经过任何加工整理的原始感性材料。

二、写作材料的作用功能

（一）问题提出的来源

文章中问题的提出，需要依靠诸多的材料来源进行分析判断。如此，方能抓住事物的本质矛盾。

（二）观点确立的依据

观点是文章的关键所在，写作者要能在文章中及时准确地挖掘问题、提出问题、分析问题、解决问题，并确立相对正确的观点，就需要掌握大量写作材料。借助材料，方能从对事物的表象观察发展到分析事物的本质，方能从对事物的感性认识上升到对事物的理性分析。

（三）观点论证的支撑

在文章的写作过程中，不仅观点的确立需要从大量的写作材料中来，观点的论证也需要依赖于写作材料进行佐证支撑。真正有价值意义的文章，需依赖典型代表性的材料来说明、支撑文章观点，从而形成完整性、系统性的观点论证。

三、写作材料的取材环节

怎样收集写作材料、怎样选择写作材料、怎样使用写作材料，是"取材"部分的重点内容。

（一）写作材料的收集

写作材料的收集，要尽可能做到全面而详尽，通过观察体验、浏览阅读、调查研究等途径尽可能多地收集写作材料。

1. 从观察体验中取材

观察体验是写作者根据一定的写作目的，对自然现象与社会现象有目的、有意识地感知认识过程，可通过点面结合、比较法、动态法、多角度法进行。

观察自然和社会现象是写作材料的重要来源之一。因为写作者在接触外界社会的过程中，可以发现并找到多元化的写作材料。如作家陈忠实提到，在写《白鹿原》之前，自己创作的都是中短篇小说，对要创作一部长篇小说内心非常畏惧。为了寻找长篇小说的写作材料，特地去西安郊区的农村生活了几年，通过深入细致的观察，占有了大量的写作材料。《白鹿原》之所以有令人震撼的真实感和深沉的民族历史内涵，与这种长期深入细致的观察是分不开的。

除外部世界外，写作者自己的内心精神世界，也是观察的重要对象，也是写作材料的重要来源。心有所感的写作最能调动读者的共鸣，一些被写作者观察体验过的事物可能于他人而言不起眼，但由于这些事物给写作者留下了深刻的印象，内化为了一种丰富的情感体验，也就成了极具情感价值意义的写作材料。

2. 从浏览阅读中取材

从各种著作、文献、新闻、网络信息等的浏览阅读中收集写作材料，也是写作材料搜集的好方法。一个好的作家，往往也是一个好的浏览阅读家，懂得随时记录收集有价值意义的写作材料。浏览阅读就像储蓄，写作就像支出；浏览阅读少了，储蓄就会少，到了写作支出的时候就会犯难。如钱钟书写作《伊索寓言》的读后感时，既没有引述书本中的故事情节，也没有分析作者的写作意图，而仅仅是通过浏览阅读原文来积累写作材料，再根据写作材料中的九个故事进行引申。

3. 从调查研究中取材

撰写学术论文、研究报告类的文章，往往需要写作者通过调查研究的方法来取材，因为这类文章涉及的写作材料并非都能从现有的资料、素材中找到，唯有通过调查研究才能获得丰富的一手材料，才能有效帮助写作者对研究问题进行再思考、再分析。如费孝通在写作《乡土中国》《江村经济》的过程中，如果不深入苏州吴江开弦弓村开展调查研究，就无法深入展现中国乡村社区的生活面貌，更不可能通过一手资料的分析，发现“差序格局”的关系规律。

（二）写作材料的选择

写作材料收集完后，海量化的写作材料并非都能运用到文章的写作中去，还需要写作者进一步鉴别选择，多个向度综合考量写作材料的质与量。

1. 紧扣主题

写作材料的选择往往是在文章主题确立后进行的，所以紧扣主题是取材的最为重要的原则。文章写作通常是以主题为主导，根据主题取材、定章、行文，以此为基础对写作材料进行分类编码整理。如，分析写作材料的真伪程度、写作材料的价值高低、写作材料的功用大小等。

作家契诃夫在提到写作材料的时候，曾提出“选择材料就像雕刻，要在大理石上刻出人脸，无非是把石头上不是脸的地方剔掉罢了”。在选择写作材料的时候，我们一定要紧扣主题，不能多而杂、少而单。写作材料多而杂的话，会使得文章主题涵盖不住写作材料，写作材料溢出主题范围；写作材料少而单的话，又会使得写作材料不足以表现主题，文章空洞抽象。

2. 真实准确

写作材料的选择除要紧扣主题外，还要求做到真实准确。只有真实可靠的写作材料，才能使读者对文章产生信服。为达到写作材料的真实准确，可关注以下几个方面问题：一是要尽可能选择一手写作材料，对二手写作材料一定要核对出处。秉持实事求是的精神，判断核实写作材料中所涉及的每一个事实、数据的真实程度与客观程度，以此确保写作材料的科学准确。二是要学会甄别有问题的写作材料，判断写作材料中是否存在移花接木、张冠李戴的问题，是否存在主观臆造的问题。第三，写作者在进行写作材料的选择应用时，不能依据个人偏见而夸大、缩小，甚至扭曲写作材料。第四，所选择的写作材料要反映文章的整体真实。虽然有的写作材料本身就是真实准确的，也不存在移花接木等问题，但由于材料反映的只是文章主题的局部，不能代表文章主题的整体，因此这种写作材料的选择仍然是不合理的，属于个别、偶然的特殊材料。

3. 新颖生动

写作材料的选择，要在真实准确的基础上，尽量选择新颖生动的材料。因为新鲜生动的写作材料，不仅能使文章变得生动活泼，还能产生以少胜多、以一当十的效果。但很多人在选择写作材料的时候，往往具有思维惯性，偏向选择老旧、泛用的写作材料来进行论证。如一写到时代典型就选择感动中国人物来写，一写到毅力就写“凿壁借光”“头悬梁、锥刺股”等,这些材料虽然典型,但已经被别人写过很多遍,所以对于读者来说没有新鲜感。可尽量选择新近发生的事实案例,亦或是旧材料翻新——用一个全新的视角对旧材料进行再创作,从而使写作材料产生新的价值意义。

(三)写作材料的使用

写作材料的使用应根据文章主题的需要,按照一定的逻辑思路,使文章中的材料与观点形成有机的整体。写作材料的使用方法是多样的。

1. 先观点后材料

先观点后材料指的是文章写作中先概括出观点,而后通过列举写作材料来陈述观点。议论文写作常用这种方法来安排写作材料。这种方法的优点是观点鲜明,使读者能更快速地理解明白文章的主题。

2. 先材料后观点

先材料后观点指的是文章写作中先列举诸多的写作材料,而后推导归纳出观点。叙事性应用文写作常用这种方法来安排写作材料。这种方法的优点是由事到理、层层推进,使读者能循序渐进地进入文章写作的世界中。

3. 夹叙夹议

夹叙夹议指的是文章写作中既讲观点又摆材料,形象的材料和抽象的观点有机结合。叙(材料)是议(观点)的基础,议(观点)是叙(材料)的深化。这种方法的优点是灵活多变,写作者能较好地使用此方法来记叙事实、表达观点、抒发情感。

(本节主撰:曹　珊)

写作进程

第三站:文献综述/材料搜集

要　　求:

各小组应围绕选题广泛搜集文献和材料,并做学习小结。说理性写作，特别是论文写作应重点考察相关研究的主要观点、研究方法、研究角度与论证思路等。文学性写作除考察与主题相关的作品外，还可以重点考察相同、相近主题和相同体裁作品在谋篇布局、角色塑造、冲突设置、悬念架设、氛围营造、视角选择上的特点，并由此进一步明确自身作品的创作方向。

温馨提示：

1. 选择文学性写作的小组，可结合本教材本章第四节“谋篇布局”和第七章“故事”的相关知识回应上述要求。

2. 文学性作品的完成难度并不低于说理性作品。作者不仅需要了解、掌握与主题相关的各类知识和研究发现，还要将其转译为故事——任务是双重的。

谋篇布局

第四节　谋篇布局

文本布局的重要性不言自明。如同搭建房屋必先设计框架，布局也即作品的框架，所有素材受其安排调遣。它直接服务于创作目的，往往是作者匠心的体现，也是作品成功的保证。杰克·赫弗伦以为：“在任何类型的故事叙述中，结构都是关键元素，并且似乎可以视为写故事的根本。”[1] 詹姆斯·斯科特·贝尔认为：“结构就是以特定方式组合故事的各个段落，让读者容易了解；换句话说，结构就是为了服务读者，而将组成故事的元素依序排列。情节讲究元素，混合各项元素，便能让好故事变得更好。结构则讲究时机：每样元素应该安插在特定的位置。”[2] 不过，也有人认为结构不重要，如斯蒂芬·金就认为写作由叙事、描写和对话三部分构成，没有情节构思的位置。其理由有二：“首先，因为真实的生活多半是不经构思的……其次，

① ［美］杰克·赫弗伦：《作家创意手册》，雷勇、谢彩译，中国人民大学出版社2015年版，第172页。

② ［美］詹姆斯·斯科特·贝尔：《这样写出好故事》，苏雅薇译，湖南文艺出版社2017年版，第26页。

因为我相信情节构思和真正创作的自发性是互不相容的。”在他看来，作家应将人物置于困境中后，观察他们如何竭力脱身，而不是帮助他们脱身，或操纵他们的命运。而后者正是情节构思的作用。所以，“好作家惟有不得已时才求助于情节构思，而愚人却把它当作第一选择”①。这显然有些极端，未必为大多数作者所认同。任何一部成功的作品都是作家深思熟虑的产物，而这种深思熟虑中必定包含着布局的内容。

布局主要有四个方面的特点和要求：一是目的性。也即布局必须服从主旨要求，正如刘勰所云：“夫情致异区，文变殊术，莫不因情立体，即体成势也。”② 二是独创性。即新颖巧妙，恰到好处，须忌雷同熟滥。故写作思维是求异思维而非求同思维。三是潜隐性。与其他环节相比，布局主要存在于作者大脑中，一般避免被读者一望而知。四是灵活性。没有适用于所有体裁的万能结构，也没有对某一体裁绝不适用的结构。杰克·赫弗伦以为：“所有关于写作情节和结构的建议都必须因地制宜、因人而异才能实现其价值。”③

布局的方法多种多样，既因人而异，也因体裁而异。中国古代作家们曾总结出不少布局的方法，如勺水兴波、绝处逢生、横云断山、草蛇灰线、层峦叠翠、余波再振、水穷云起等。曹文轩认为，小说的“具体布局，可以变幻万千，正如生活千变万化。但大的思路，却只有三条：从故事出发，从人物出发，从心灵出发。最后一条，是因为现代派小说的兴起才成为一条思路的”④。这些主要是就故事小说类的布局而言的。下面即分别以小说、叙事诗、抒情诗、散文和戏剧等体裁各举一例加以分析。

小说类以《红楼梦》为例。作为中国白话小说的经典，在结构上《红楼梦》别具匠心，采用了异常精致复杂的网状结构，但

① ［美］斯蒂芬·金：《写作这回事》，张坤译，上海文艺出版社2014年版，第145页。

② 〔南朝梁〕刘勰：《文心雕龙》，黄霖导读，黄霖整理集评，上海古籍出版社2008年版，第61页。

③ ［美］杰克·赫弗伦：《作家创意手册》，雷勇、谢彩译，中国人民大学出版社2015年版，第172页。

④ 曹文轩：《小说门》，人民文学出版社2009年版，第343页。

具体情节的安排又各有特点。《宝玉挨打》(构思图见图 6-1)一节,作者巧妙地通过描写贾政情绪的逐步上升和变化将挨打的前因后果完整地串联并呈现出来。贾政情绪的每一次变化都关联着相应的事件或人物。

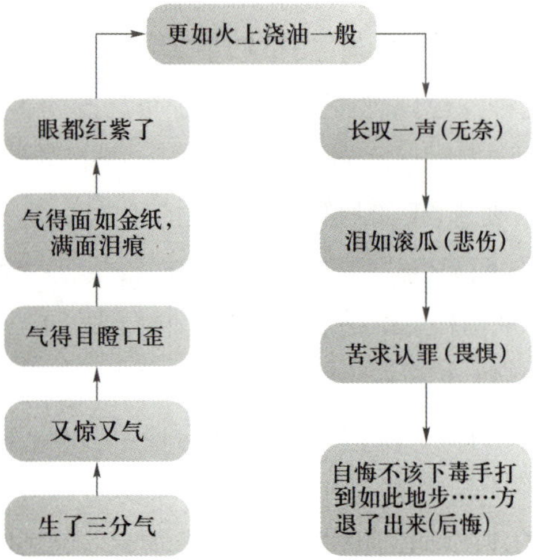

图 6-1 《红楼梦·宝玉挨打》构思图

汉语的叙事诗不够发达,主要见于汉代的乐府诗,数量较少。但这些作品因有当时文人的修改润色,故往往包含着高明的叙事技巧。如《东门行》①(构思图见图 6-2)中,男主人公冲出去又回来,看到家中光景,再次下定决心冲出去时,妻子出场劝

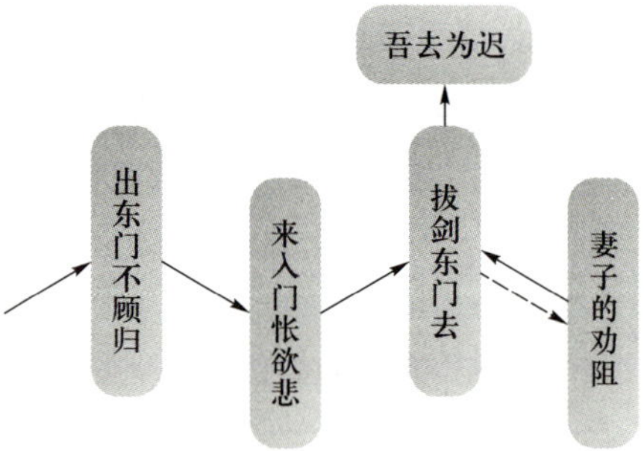

图 6-2 《东门行》构思图

① 参见逯钦立辑校:《先秦汉魏晋南北朝诗》上,中华书局 1983 年版,第 269—270 页。

阻，反而感动和激发了丈夫的勇气和斗志，以致后悔不该犹豫，最终达到义无反顾而又不失理性的状态。简单的故事却写得一波三折，显然是经过精心构思的。

抒情诗是中国诗歌的大宗，而张若虚的《春江花月夜》[1]（构思图见图 6–3）有“孤篇压全唐”的美誉。作者在前八句完成了以月为中心的写景，为下文的抒情搭建了舞台。接着充分利用了月亮在时间上的永恒性和空间上的同一性，分别反衬人世的变迁和生生不息，及人间的分离和团圆期盼，从而完成其抒情目标，引起一代代读者的感动和同情。

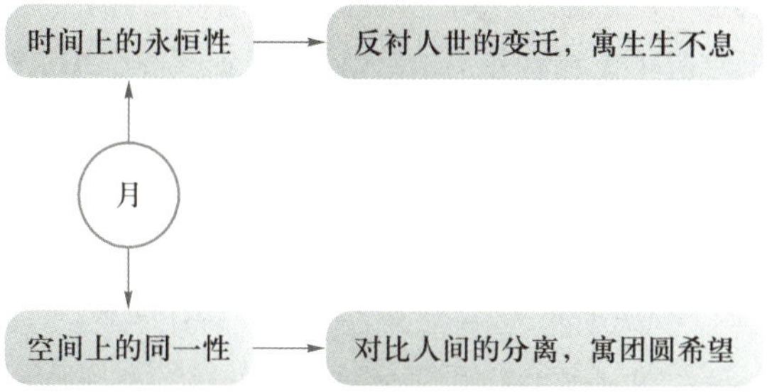

图 6–3 《春江花月夜》构思图

中国古代散文的结构也往往比较精巧。王安石的《祭欧阳文忠公文》[2]（构思图见图 6–4）在当时众多祭欧阳修文中最为出色，除了打破祭文的惯有格式，文气摇曳多姿外，其主体部分的构思也很有讲究。第一段即以欧阳修“生有闻于当时，死有传于后世”两句总结其圆满的一生，既为下文确立了两条主线，又成为无须悲伤的理由。出人意表，且基调高朗。第二段围绕“死有传于后世”展开，又分内外两支，最终两者通过“文如其人”加以绾合。第三、四段则重在“生有闻于当时”的揭示，既有概述，又有具体事实，显得充实，且裁择精当，不枝不蔓。

中国古代戏曲在明清时期，源于南戏的传奇的成就要高于

① 参见〔宋〕郭茂倩编撰：《乐府诗集》第 47 卷，聂世美、仓阳卿校点，上海古籍出版社 1998 年版，第 527 页。

② 参见〔宋〕王安石：《王安石全集》第 7 册，复旦大学出版社 2017 年版，第 1503—1504 页。

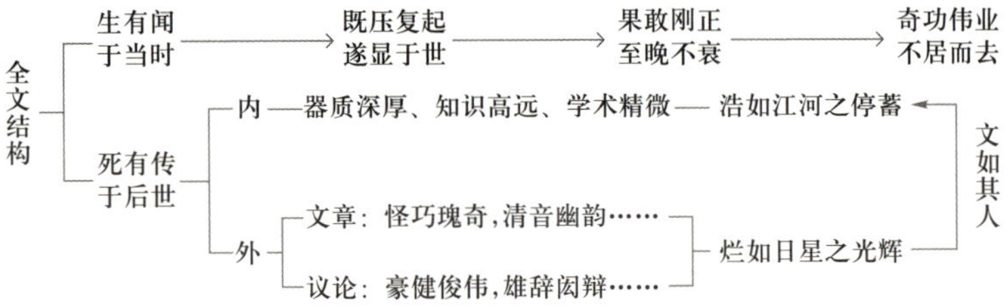

图 6-4　《祭欧阳文忠公文》构思图

杂剧。从元末明初高明的《琵琶记》开始，传奇就多采用双线结构来安排人物和情节。清初孔尚任的《桃花扇》(构思图见图 6-5)是这种结构的代表。全剧的基本构思是借离合之情写兴亡之感，于是离合之情为一条线索，串起了以侯方域、李香君为男女主角的众多人物，其中又以士人和妓女为主各分左右；兴亡之感为另一条线索，串起史可法、左良玉等人物，又分奇偶两部分。具体如下图所示。

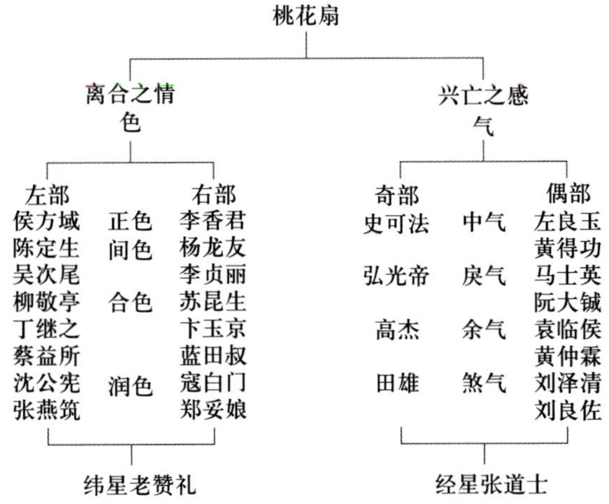

图 6-5　《桃花扇》构思图[1]

以上所举数例，可以帮助同学们了解相应体裁的经典作品的布局脉络，但优秀的作品往往都有自己独到的布局，所以举例并不能带来以一当十的效果。要想迅速把握一部作品的结构甚至尽快创制自己作品的结构，没有捷径可走，只有通过多读和多写来达成。

(本节主撰：江　枰)

① 结构图据孔尚任：《桃花扇·桃花扇纲领》，人民文学出版社 1959 年版，第 23—26 页。

写作进程

第四站：拟定结构

要　　求：

撰写作品大纲或绘制思维导图。

温馨提示：

1. 可以采用 Xmind 等思维导图工具进行绘图，也可以手绘。

2. 大纲或思维导图只是你的初步规划，后期可合理灵活调整。

往期学员案例分享

■《当我们看向镜子时，我们看见什么？》思维导图

作　　者：午夜植物（邵佳、詹若辰、吴雨娟、张飞鸿）

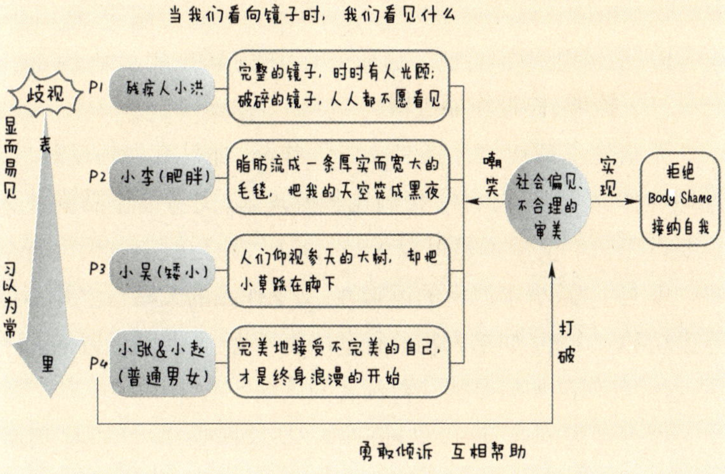

图 6-6 《当我们看向镜子时，我们看见什么？》思维导图

第五节　修改打磨

好文章都是改出来的。文学史上确实有很多一气呵成、一挥而就的名篇佳作，但这绝非大多数人写作，特别是长篇写作的常态。

初稿完成后，我们可以选择趁热打铁，立即进入修改打磨环

修改打磨

节，因为这时候，写作的感觉和热情尚未消退，有利于“乘胜追击”；但如果交稿时间并不急迫，不妨放一放、“凉一凉”。放一放、“凉一凉”后再看原稿，因为有了一定的审美距离，会更容易理智客观地发现构思上的不足，也更容易检查出由于惯性而忽略的小错误、小遗漏。

一、调整、优化框架结构

作品成形后，如果要对框架结构进行大调整，就是个大手术，难度较大，且作品体量越大，难度就越大。相当于房子已经盖得差不多，也已经简装完毕了，却要拆了重建。我们当然可以对作品的完美存有执念，当然可以将它一遍遍推翻重来；但在现实生活中，作品的提交如果有个截止时间，我们是不太可能在紧迫的时间内推翻重写的。此时，我们能做的只能是结构上的优化——通过细部改造来稳固结构或创新结构。但这种稳固和创新一般是比较有限的。这就提醒我们，在谋篇布局阶段一定要尽可能周全考虑，切忌想到哪写到哪，这和头脑风暴阶段的要求是不同的。

二、梳理、检查作品逻辑

无论是说理性作品还是文学性作品，都是有内在逻辑的。说理性作品强调逻辑性，我们比较好理解，文学性作品为什么也要讲逻辑？文学不是可以天马行空吗，甚至就应该天马行空吗？事实上，缺少了严密的逻辑性，文学作品的天马行空是不可能成功的。试想，如果人物的行动匪夷所思、情节的设置前后矛盾，这样的作品如何可能获得读者的认同？

检查逻辑问题，可以借助问句：“是这样吗？”“会这样吗？”“按照人设，他必定会如此选择、如此行动吗？”，等等。

三、核对、统一参考文献

作品中涉及的参考文献，一定要核实清楚，避免出现纰漏。注意检查引文和对应的注释是否错位、参考文献信息是否缺漏等。切忌把二手参考文献当作一手参考文献来引用。因为，这不仅是一种偷懒、自欺行为，而且可能导致“以讹传讹”，破坏治学的严肃性、严谨性。同一部作品中如果引用了同一个信息，前后的文献来源应保持一致，即把它们统一到同一个文献来源下。此外，能用全集作为文献来源的，不用选集；能用最新版本作为文献来源的，一般不用老旧版本（除非老旧版本更为权威，认可度更高，或作者另有其他研究目的）。

四、精修、雕琢文句、标点①

科技的发展让电子化写作成为常态。由于键盘输入错误等原因，错字、别字、标点错误等难以避免，这些都是作品的硬伤，是必须要纠正、修改的。还有一些字词和标点错误及语病等，是由于写作者本身能力、水平不足导致的。这种情况的错误很难由作者自己发现。因此，文稿写就后，请身边文字功底好的朋友帮忙审核、校对，也是很有必要的。

如果说，纠正错误相当于排查和解决房子存在的问题；那么，优化字词句和标点则是对房子进行精装修，其目的是要让作品的语言更为精准、简洁、生动，更有质感和温度，更靠近恰当的语言风格。优化的过程中，可以借助字典、词典等工具，比较字词差异，找到更能精准表达意涵的字词；还可以采用轻声朗读的方式感受语言的流畅度和节奏，调整、优化句子结构和标点设置。优化字词句和标点应以服务表达目标为导向，不能片面追求精致和修辞，更不能为了让自己的语言看上去“有档次”而故意使用生僻字、生僻词。

如果是说理性文章，还可考虑提炼、优化主题句。主题句有助于读者快速捕捉你的主要观点，提高阅读效率。一般而言，主题句应在首句位置，还可以做加粗、标红、衬底等处理。至于主题句提炼得好不好，一要看内涵是否明确，能否总领下面的论述；二要看形式是否简练、生动，能否抓人。

五、按要求检查、修订格式②

不同的出版社、期刊和报纸的格式要求不尽相同，有时区别

---

① 可回溯本教材第二章“规范”中的第一至第四节：“文字规范”“词汇规范”“语法规范”“标点规范”。

② 可回溯本教材第二章“规范”中的第五节“格式规范”。

还比较大。投稿作品一定要严格按照其要求调整格式，切不可凭一己喜好处理字体、字号、行间距、分栏、注释等。不符合格式要求的作品很可能第一轮就会被淘汰，因为编辑可能会认为你对刊物的要求缺乏了解和尊重。因此，一定要引起重视。

总之，反复修改打磨作品，犹如盘珠，越盘越亮。沉下心，推敲琢磨，你的写作能力必会在此过程中精进。

（本节主撰：黄海燕、汪忠列）

思考与训练

1. 清刘熙载说，“旨戒杂”。你从这三个字里得到了什么启示？

2. 找到你所在专业的一本权威学术期刊，分析文末的“参考文献”，谈谈你发现了什么，以及它对你的写作有何启发。

3. 在“谋篇布局”中任选一例构思图进行改编。

4. 修改打磨自己的一篇旧作，并和组员分享你的感受和收获。

推荐书目

（一）初级阅读

1. 老舍：《老舍谈写作》，百花洲文艺出版社 2019 年版。

2. 刘军强：《写作是门手艺》，广西师范大学出版社 2020 年版。

3. ［美］艾丽斯·马蒂森：《写作课》，王美芳、李杨、傅瑶译，北京联合出版公司 2017 年版。

（二）进阶阅读

1. 〔清〕刘熙载：《艺概》，上海古籍出版社 1978 年版。

2. ［美］劳伦斯·马奇、布兰达·麦克伊沃：《怎样做文献综述——六步走向成功》，陈静、肖思汉译，上海教育出版社 2011 年版。

3. ［美］韦恩·C. 布斯、格雷戈里·G. 卡洛姆、约瑟夫·M. 威廉姆斯：《研究是一门艺术》，徐毕卿、许甘霖、陈美霞译，新华出版社 2009 年版。

人类是讲故事的生物。

故事承载着人类对现实的观察、理解、批判，对未来的想象、期盼、忧虑。故事，能够既深刻又鲜活地揭示世界的真实，警示我们将要面临的危机。

事实上，故事思维、讲故事能力的运用范围极广——故事不是只能在文学和新闻的世界里展现它的风姿，很多学术研究也需要讲故事，甚至以讲故事为基础。

如果你已决定要写作一个还不错的故事，不论虚构或非虚构，希望本章的内容能对你有所帮助。故事的结构问题，请参考第六章“步骤”中的“谋篇布局”一节。除此，故事写作需要涉及的角色塑造、冲突设置、悬念架设、氛围营造、视角选择等技巧，均可在本章查阅。

第七章　故事

第一节　角色塑造

角色塑造

罗伯特·麦基在他的《对白：文字·舞台·银幕的语言行为艺术》前言中说，作家“创造了人类本质的隐喻，我们称之为角色”[1]。小说家罗宾·库克认为，提升人物是写小说过程中最艰难的一部分。海明威明确要求，作家写小说应当塑造活的人物。那么，我们可以从哪些方面去塑造角色或者人物呢？“相由心生”，外貌描写对角色塑造的作用不言而喻。“言为心声”，对话呈现也可以助力角色塑造。“听其言，还需观其行”，在角色的塑

① [美]罗伯特·麦基：《对白：文字·舞台·银幕的语言行为艺术》，焦雄屏译，天津人民出版社2017年版，第2页。

造中,动作描写不可或缺。除了上述三点,心理活动往往更能揭示角色的真情实感和思想立场。

一、外貌描写

一个人的精神气质、性格禀赋,往往会在外貌和眉宇之间展露出来,这就是我们常说的“相由心生”。来看几个外貌描写的经典案例。首先是玛格丽特·米歇尔《飘》中对思嘉·奥哈拉的描写:

思嘉·奥哈拉长得不算美,但男人常常还来不及端详她的姿容就被她的魅力所迷醉,比如塔尔顿家那对双胞胎兄弟,就正是如此。她脸上鲜明地糅杂着两种物质,一种是来自母方的纤细,一种是来自父方的粗犷。她母亲出身于法国血统的海岸贵族之家,父亲则是肤色红润的爱尔兰后裔。她的脸庞特别引人注目:尖尖的下巴,方方的牙床,一双浅绿色纯净的眸子,眼角微微翘起,长长的睫毛根根挺直,浓黑的眉毛成两条斜线,挂在木兰花般的白皙肌肤上——那是南方女人极为真爱的玉肤,出门时要用面纱、软帽和手套保护起来,不让佐治亚洲的灼热阳光把它晒黑。①

作者对思嘉·奥哈拉的这番外貌描写不是可有可无的,思嘉脸上的两种特征正是她两种内在性格的流露。思嘉坚持所爱,尽管这份爱未尝是对的。她会耍小脾气,也很任性,会为了达到自己的目的不择手段。但同时,她又是坚强、勇敢的。她独自面对难产的媚兰,在媚兰最需要的时候守候在她的身边,只是为了信守自己对艾希礼的承诺。战火中,她带着媚兰和媚兰刚刚出生的孩子,千辛万苦回到塔拉庄园。可是,此时的塔拉庄园已被战火损毁到破败不堪。她甩开自己的小姐身份,不惧辛劳、下地干活,只为解决一家人的生计,让塔拉庄园重返生机。艰苦的劳作使她玉肤不再、双手粗糙……因此,这段外貌描写,不仅细致生动,也为故事的行进以及角色的发展做了很好的铺垫。

① [美]玛格丽特·米歇尔:《飘》,朱攸若译,春风文艺出版社 2017 年版,第 3 页。

如果说玛格丽特·米歇尔对思嘉的外貌之美采用的主要是实写方式，王安忆《长恨歌》中对试镜时王琦瑶美的描绘则接近虚写：

王琦瑶的美不是那种文艺性的美，她的美是有些家常的，是在客堂间里供自己人欣赏的，是过日子的情调。她不是兴风作浪的美，是拘泥不开的美。她的美里缺少点诗意，却是忠诚老实的。她的美不是戏剧性的，而是生活化，是走在马路上有人注目，照相馆橱窗里的美。①

王安忆没有具体描绘王琦瑶的五官，而是通过采用对美类型化的叙述来形容王琦瑶的美。这番刻画也为王琦瑶日后的人生选择和命运做了铺垫。

有没有虚实兼备的外貌描写呢？有的。我们来看《登徒子好色赋》中宋玉对东家之女的描绘：

天下之佳人莫若楚国，楚国之丽者莫若臣里，臣里之美者莫若臣东家之子。东家之子，增之一分则太长，减之一分则太短，著粉则太白，施朱则太赤。眉如翠羽，肌如白雪，腰如束素，齿如含贝；嫣然一笑，惑阳城、迷下蔡。②

这段外貌描写用字精炼、虚实兼备，把美写到了极致。他通过夸张的量化手法，写东家之子的身高如何恰到好处；通过夸张的妆容描写，写东家之子的肤色如何恰到好处。他刻画出东家之子绝美的轮廓，又对眉、肌、腰、齿做了形象化的类比，还有任读者的想象去填充的留白。

英国诗人拜伦在描写美女时，也采用了类似手法。他写美人“发色增深一丝，容光减退一忽，风韵便半失”，用“一丝”“一忽”“半失”等程度量词，表现美女之美如何的恰到好处。品读完作家对美女的外貌描写，我们再来看看硬汉。下面是《老人与海》中，海明威对老渔民圣地亚哥的外貌描写：

---

① 王安忆：《长恨歌》，黄山书社2011年版，第30页。

② 〔战国〕宋玉：《登徒子好色赋》，王海燕、尚晓阳注析：《历代赋选》，海南出版公司2007年版，第16页。

老人瘦骨嶙峋，颈背上刻着深深的皱纹。他的两颊有着褐色的斑块，是阳光在热带海面上的反射造成的良性皮肤病变。褐斑从上到下布满面颊的两侧，他的双手由于常用钓线拖拽大鱼，勒出了很深的疤痕。可是，这些疤痕没有一处是新的，和没有鱼的沙漠里风雨侵蚀留下的痕迹一样古老。

他浑身上下都显得很苍老，只有那双眼睛，和大海是一样的颜色，看上去生气勃勃，有一股不服输的劲儿。[①]

海明威不仅抓住了一个长年生活在海边的老渔民的皮肤和双手的主要特点，而且刻画了圣地亚哥不同寻常的双眼。这是一双有着年轻气息的眼睛，它不因年老而褪去激情。这段外貌描写和圣地亚哥的性格特点是完全匹配的，也为圣地亚哥与鲨鱼的搏斗埋下了伏笔。

综上可见，外貌描写既可实写，也可以虚写或者虚实结合来写。同时，好的外貌描写不是为描写而描写，而是和整体的故事构思相勾连的。

二、对话设计

对话也是塑造角色的重要手段。罗伯特·麦基甚至说："对白是作者赋予角色内容最重要的工具"[②]

（一）对话中的灵犀

对话中的灵犀

对话中心有灵犀的瞬间是包孕性的瞬间，具有返璞归真、直见本心的诗性力量。最典型的瞬间莫过于古典爱情小说中男女主人公第一次见面的第一句话。明代汤显祖的《牡丹亭》与清代曹雪芹的《红楼梦》两部旷世经典，便不约而同、异曲同工地描写了男女主人公第一次见面时，缘定三生、一见钟情的对话。

先看汤显祖《牡丹亭》中的柳梦梅与杜丽娘第一次见面时，

---

① ［美］欧内斯特·海明威：《老人与海》，李育超译，人民文学出版社 2012 年版，第 1 页。

② ［美］罗伯特·麦基：《对白：文字·舞台·银幕的语言行为艺术》，焦雄屏译，天津人民出版社 2017 年版，第 56 页。

说的第一句话：

（回看介）“呀，小姐，小姐！（旦作惊起介）（相见介）（生）小生那一处不寻访小姐来，却在这里！”[①]

“呀”，一声惊叹；“小姐，小姐！”两声呼唤，是柳梦梅原始情感的自然流露，惊艳、惊醒后惊叹、惊喜。杜丽娘的“惊起”“相见”与柳梦梅的“回看”，肢体语言呼应，一见倾心也一见惊心。“小生那一处不寻访小姐来，却在这里。”柳梦梅一语道尽缘定三生、一见钟情的大欢喜。“那一处不寻访”“却在这里”喻示前世分离、今生相遇的夙缘与夙愿。更妙的是，这第一次见面时的第一句话，竟然发生在梦中。这是汤显祖的神来之笔。

再看曹雪芹《红楼梦》中林黛玉与贾宝玉第一次见面时的第一句话：

黛玉一见便吃一大惊，心下想道：“好生奇怪，倒像在那里见过的，何等眼熟！”

宝玉看罢，笑道：“这个妹妹我曾见过的。”[②]

此处，林黛玉的“大惊”与上面杜丽娘的“惊起”，遥相呼应。曹公之笔妙在他通过林黛玉下意识的心理直觉暗示二人的心曲相通，这与柳梦梅“呀”的一声惊叹互文对话，均是原始情感的自然流露。黛玉的“想道”“那里见过一般”与宝玉的“笑道”“曾见过的”是心曲相通，节奏相和。与柳梦梅的“那一处不寻访”“却在这里”同曲同工，互文对话。心有灵犀的对话，就是这样字字珠玑、落地有声。

（二）对话中的冲突

戏剧的冲突主要由对话来推进。真正有力量的冲突，应见出精神的对立、灵魂的厮杀、社会的病症、存在的断裂。

曹禺《雷雨》中“喝药”这出戏，是现代中国话剧的一个经

对话中的冲突

① 〔明〕汤显祖：《牡丹亭》，徐朔方、杨笑梅校注，人民文学出版社1963年版，第55页。

② 〔清〕曹雪芹、高鹗：《红楼梦》，商务印书馆2016年版，第26—27页。

典片段。它以层层递进、逐层升级的对话冲突，呈现封建主义与资本主义犬牙交错背景下，语言的暴力、权力的倾轧与精神的痉挛。“喝药”这出戏的对话冲突非常重要，只有这出戏的冲突做足了，剧终时诸多冲突的“雷雨”式大爆发才有了演变的逻辑与情绪的铺垫。“喝药”片段冲突的主体是周朴园与蘩漪，冲突的焦点是喝药。下面，我们来看看在这出戏中，作者怎样遣词造句、调兵遣将、步步为营、层层递进地通过对话，推进矛盾冲突的不断升级。

周朴园　四凤，——（向周冲）你先等一等。——（向四凤）叫你给太太煎的药呢？

鲁四凤　煎好了。

周朴园　为什么不拿来？

鲁四凤（看蘩漪，不说话）。

周蘩漪（觉出四周有些恶相）她刚才给我倒来了，我没有喝。

周朴园　为什么？（停，向四凤）药呢？

周蘩漪　（快说）倒了，我叫四凤倒了。

周朴园　（慢）倒了？哦？（更慢）倒了！——（向四凤）药还有么？

鲁四凤　药罐里还有一点。

周朴园　（低而缓地）倒了来。

周蘩漪　（反抗地）我不愿意喝这种苦东西。

周朴园　（向四凤，高声）倒了来。

［四凤走到左面倒药。①

这是第一层冲突，矛盾发生。关键词“倒了”。冲突起始于蘩漪没有喝药，而且叫四凤把药“倒了”。在此，“倒了”是一个颠覆封建夫权的有力动词。随后，作者重复运用“倒了”一词，特写周朴园的反应：“周朴园　（慢）倒了？哦？（更慢）倒了！”

① 曹禺：《雷雨》，龙泉明主编：《中国现代文学经典 1917—2012》（二），北京大学出版社 2014 年版，第 339 页。

两个“慢”字，两个“倒了”，放大了周朴园封建夫权的不怒而威。随后，作者又用两个重复的“倒了来”，强化了他不容违逆的强权，声音也由“低而缓”变成“高声”。冲突的另一方蘩漪先是很快地说“倒了。我叫四凤倒了”。转而“反抗地”说“我不愿意喝这种苦东西”。此时的蘩漪尚有意志、颇为强硬、不太畏惧。这种对抗的姿态直接导致了后面冲突的递进、矛盾的升级。

周冲　　爸，妈不愿意，你何必这样强迫呢？

周朴园　你同你母亲都不知道自己的病在哪儿。（向蘩漪低声）你喝了，就会完全好的。（见四凤犹豫，指药）送到太太那里去。

周蘩漪　（顺忍地）好，先放在这儿。

周朴园　（不高兴地）不。你最好现在喝了它吧。

周蘩漪　（忽然）四凤，你把它拿走。

周朴园　（忽然严厉地）喝了药，不要任性，当着这么大的孩子。

周蘩漪　（声颤）我不想喝。

周朴园　冲儿，你把药端到母亲面前去。

周冲　　（反抗地）爸！

周朴园　（怒视）去！

［周冲只好把药端到蘩漪面前。

周朴园　说，请母亲喝。

周冲　　（拿着药碗，手发颤，回头，高声）爸，您不要这样。

周朴园　（高声地）我要你说。

周萍　　（低头，至周冲前，低声）听父亲的话吧，父亲的脾气你是知道的。

周冲　　（无法，含着泪，向着母亲）您喝吧，为我喝一点吧，要不然，父亲的气是不会消的。

周蘩漪　（恳求地）哦，留着我晚上喝不成么？

周朴园　（冷峻地）蘩漪，当了母亲的人，处处应当替子女着想，就是自己不保重身体，也应当替孩子做个服从的榜样。

周蘩漪　(四面看一看,望望朴园,又望望周萍。拿起药,落下眼泪,忽而又放下)哦！不！我喝不下！[①]

这是第二层冲突,矛盾升级。关键词“喝了”。周冲的介入、劝解、抗议,使周朴园受阻冒烟的夫权,窝上父权受挑衅这把火,愤怒进一步点燃、引爆。作者再次运用重复的美学手法——“你喝了”“最好现在喝了”“喝了药”“请母亲喝”,以不断重复加码的“喝了”一词,凸显周朴园步步紧逼、气势凌人的话语霸权。对周朴园而言,妻子有没有病,身体健康与否都无关紧要。重要的是,“喝了”这个动作是“服从的榜样”。权力的博弈往往此消彼长,此时强硬反抗的蘩漪气势开始弱下来,但仍苦苦支撑,维护最后的自主与尊严。“先放在这儿”“把它拿走”“不想喝”“留着我晚上喝不成么？”“哦！不！我喝不下！”至此,对蘩漪而言,喝与不喝升级为一个哈姆莱特式的、关涉意志自由的问题。一个日常的“喝药”行为折射出她生活的不幸,存在的断裂。

周朴园　萍儿,劝你母亲喝下去。

周萍　　爸！我——

周朴园　去,走到母亲面前！跪下,劝你的母亲。

　　　　[周萍走至蘩漪面前。

周萍　　(求恕地)哦,爸爸！

周朴园　(高声)跪下！

　　　　[周萍望着蘩漪和周冲;蘩漪泪痕满面,周冲身体发抖

周朴园　叫你跪下！

　　　　[周萍正向下跪

周蘩漪　(望着周萍,不等周萍跪下,急促地)我喝,我现在喝！(拿碗,喝了两口,气得眼泪又涌出来,她望一望朴园的峻

① 曹禺:《雷雨》,龙泉明主编:《中国现代文学经典 1917—2012》(二),北京大学出版社 2014 年版,第 339—340 页。

厉的眼和苦恼着的周萍,咽下愤恨,一气喝下)哦…… (哭着,由右边饭厅跑下)①

这是第三层冲突,矛盾激化。关键词"跪下"。面对蘩漪的负隅顽抗,周朴园进一步施压,用三个连珠炮式的"跪下",逼迫周萍劝母亲喝下。这一招无意中戳中了蘩漪的软肋与痛处,她不等萍跪下,急促地含泪一气喝下。由"倒了"到"喝下",有着雷雨般反抗精神的蘩漪,面对周萍的难堪,立马缴械投降,这暗示之后会有更大的冲突爆发。此处,对话的有力之处在于,矛盾爆发的顶点即冲突的结束。作者运笔既丰富有层次、又简练有力量。

曹禺通过凝练的对话,选取日常生活中"喝药"这一典型细节,运用词语重复的美学手法,在对话中将矛盾冲突层层推进,以一个个性化的家庭场景聚焦时代的权力博弈、精神冲突。周朴园的气势步步高涨,蘩漪的气势渐渐低沉。冲突双方气势的此起彼伏,折射了时代转型期封建夫权、资本强权与女性自主权间的此消彼长。

(三) 对话中的复调

对话中的复调

"复调"一词源自巴赫金的"复调小说"。"复调小说"是基于对话思维而产生的一种叙事范型,即小说中包含两种以上相互对立又相互包容的话语声音。复调小说采用对位法把各声部编织起来,形成交响乐般的叙事节奏与旋律。

当代作家史铁生智性写作的思想力量就在于,在小说中植入双重甚至多重声音,让它们交响乐般地复调对话。史铁生小说《务虚笔记》以复调对话的形式设置人物:医生 F 与诗人 L、少年 Z 与 WR、画家 Z 与"写作之夜"的"我"、女教师 O 与"写作之夜"的"我"、医生 F 与"我"、"我"与 WR,等等。这些符号人物随意交叉、叠化,携带着各自独特的生命消息进行着多声调

① 曹禺:《雷雨》,龙泉明主编:《中国现代文学经典 1917—2012》(二),北京大学出版社 2014 年版,第 340 页。

的对话。通过复调对话，他们的生命体验与存在境遇同调又复调，读者从中悉见世界的诸多形态与可能。人物的声音在文本中经常被作者自由地超时空地放在一起，或交锋、或对话、或叠合。如小说中会出现这样的对话：

以上对话的双方，有三种可能：

一、F 医生与诗人 L。

二、F 医生与 F 医生自己。

三、F 医生与残疾人 C。[①]

多视角叙事使得《务虚笔记》的文本世界呈现为一个复调多声的“狂欢时空体”[②]。一人一世界，在复调对话中，每个人物的声音是个体的、又是全息的。

三、动作描写

对人物的认知，不仅要听其言，更要观其行。角色的塑造不能离开行动的描写。来看曹雪芹《红楼梦》中的一段动作描写：

到了荣府大门前石狮子旁边，只见满门口的轿马。刘姥姥不敢过去，掸掸衣服，又教了板儿几句话，然后溜到角门前，只见几个挺胸叠肚、指手画脚的人坐在大门上说东谈西的。刘姥姥只得蹭上来问：“太爷们纳福！”众人打量了一会，便问：“是哪里来的？”刘姥姥陪笑道：“我找太太的陪房周大爷的，烦哪位太爷替我请他出来？”[③]

刘姥姥自卑于自己身份的低微，而“自卑”是会长出“紧张”的。所以，连询问荣国府的下人，她都得格外注意自己的仪表——穿多么高级、奢华的衣服是不可能的，但保证它的干净和平整却是能做的。“掸掸”既是自卑心理和紧张心理的外化，也很有些给自己壮胆的意味。“溜”“蹭”“陪笑”这几个动作也都体现了刘姥姥因身份低下而致的胆怯和讨好。荣国府的下人

---

① 史铁生：《务虚笔记》，北京出版社 2015 年版，第 226 页。

② 此概念引自巴赫金的狂欢诗学，参见［苏联］巴赫金：《巴赫金全集》，钱中文等译，河北教育出版社 1998 年版。

③ ［清］曹雪芹、高鹗：《红楼梦》，商务印书馆 2016 年版，第 48—49 页。

们的动作又如何呢？“挺胸叠肚、指手画脚”“挺胸叠肚”，挺着胸脯、鼓起肚子，真是神气活现、仗势傲物。这就和刘姥姥的紧张、畏惧形成了鲜明的对比。

再看到贾平凹的作品《我的老师》。大作家贾平凹为何把朋友家三岁半的孩子孙涵泊视为自己的老师？文中交代了好几件事，其中一件事是关于写字的：

我在他家书写条幅，许多人围着看，一片叫好，他也挤了过来，头歪着，一手掏耳屎。他爹问：你来看什么？他说：“看写。”再问：写的什么？说：“字。”又问：什么字？说：“黑字”。①

众人是“围着”“叫好”，孙涵泊则“挤”过来，头“歪”着，一手还“掏耳屎”。众人的夸赞、奉迎和小家伙的率性、诚恳、不谄媚，形成了鲜明的对比。特别是“掏耳屎”这个动作，虽然不雅观，却更加显示出孩子的天真和真实来。后面的对话也很有意思。其他人都喊“好字”，孙涵泊却只道“黑字”。“好字”，是一种评价，是赞美；“黑字”则只是一种客观描述。率真之气迎面而来。

四、心理刻画

俗话说，“相由心生”。又说，“人不可貌相”。这两者并不矛盾。角色的塑造不仅可以从外貌、对话和行动三个维度入手，更可以走进角色内心完成心理活动的刻画，从而展现更为丰富立体的形象。

麦家说：“写人与人的对话，是比较简单的；写人与自己的对话，人与大自然的对话，这肯定比与他人对话要难。跟他人对话，是有来有去、有回路的；跟自己对话，像对镜子说话，写不好就成了疯子，写得好就成大师了。”② 此言甚妙。司汤达就是这样一位大师，被评论家们誉为“伟大的心理作家”。小说《红与黑》的主人公于连正因司汤达细腻的心理刻画，而成了崭新、典型的文学形象。我们来看其中一段：

① 贾平凹：《贾平凹散文精选》，人民文学出版社 2018 年版，第 94 页。

② 麦家：《从俗世中来，到灵魂中去》，《好好读书》，北京联合出版公司 2018 年版，第 14 页。

上午的那些粗鲁话还在于连的耳边回响。“这个人享尽了财产带来的种种好处,”他对自己说,“如果当着他本人的面占有他妻子的手,这不是嘲笑他的一种方式吗?对,我一定要做到,他对我曾经表示出那么大的蔑视。”①

于连把对德·雷纳尔夫人的征服当成是对蔑视他的市长的报复,当作是对自己克服怯懦心理的考验。这段心理刻画淋漓尽致地展现了于连扭曲的内心世界。所以,当他真正占有了德·雷纳尔夫人的手时,他感觉到的并不是爱情的幸福,而是痛苦折磨的暂时停止。

在2020年热播的网剧《隐秘的角落》中,细腻的心理描写对角色塑造起到了画龙点睛的作用。例如第六集,朱永平来找他与前妻的儿子朱朝阳,表面上是要带他去吃甜品,实际上是想借机问出朱朝阳跟女儿意外死亡之间究竟有没有联系。朱朝阳对此坚决否认,并在无意中发现了朱永平藏在包里的录音笔。他对父亲的感情在这一瞬间彻底破碎,他开始恨自己的父亲,他那原本就不算明亮的心理世界也由此变得更加黑暗。

这一情节出现在原小说《坏小孩》的第57回。朱永平来到朱朝阳家楼下找他聊天,面对父亲的关心和道歉,朱朝阳原本对父亲的怨恨开始慢慢消失,他误以为父亲是真的重视自己,于是想要报复父亲朱永平及其现任妻子王瑶的计划也就被抛之脑后。作者写道:

瞬时,他开始后悔怎么会有弑父这么可怕的想法。顷刻间,他所有的报复念头都消散了。②

对朱朝阳而言,这或许是一个救赎时刻,他的内心原本可以重获光明。但紧接着,当他听到王瑶点开朱永平手机里的录音时,他的世界崩塌了:

朱朝阳站在原地,痴痴地看着面前这一幕。③

① [法]司汤达:《红与黑》,郝运译,上海译文出版社2010年版,第64页。
② 紫金陈:《坏小孩》,湖南文艺出版社2014年版,第294页。
③ 紫金陈:《坏小孩》,湖南文艺出版社2014年版,第296页。

我们或许很难理解来自父亲的怀疑，对一个十几岁的孩子来说意味着什么；但可以肯定的是，小说后面发生的一切，都与朱朝阳在这一刻的心理变化有着重要的因果关系。因此，这里对朱朝阳的心理描写给读者留下了足够的想象空间，也使人们对朱朝阳这个角色的性格肖像产生更大的兴趣。

上述描述也表明，所谓“隐秘的角落”其实就是指人的内心活动。它虽然看不见摸不着，但却影响，甚至决定着角色的行动。

五、其他注意事项

（一）多用细节

没有细节，就难以彰显角色的个性；没有细节，人物就难免符号化。琳达·西格在《创造难忘的人物》一书中指出：“如果外貌描写是可表演的，那么就应特别加强。这意味着有些东西可供演员运用——人物的运动的感觉、特定的外貌，例如耸肩、歪头、独特的步态，等等。这些描写给演员构建角色提供了线索。‘漂亮’是很难表演的，‘强壮’和‘英俊’也没什么用。”[①] 当你在对角色进行外貌描写时，不妨想一想，他便于导演选角吗？便于化妆师判断如何化妆吗？便于演员理解如何表演吗？如果你的答案是肯定的，那么恭喜你，你已经可视化你笔下的角色了。

（二）塑造立体而非扁平的角色

人是有很多面向的，切忌把一个恶人写成十恶不赦、无一可取，把好人写成十全十美、无可挑剔，这样的恶人或好人是缺乏立体性的，是扁平人物。约瑟夫·坎贝尔说：“只有描写了人物的缺点，你才能真实地描写人物。完美的人是无趣的……完美是无聊的、非人性的。中心点是人性，人性是让你成为一个人而非神或超自然的东西……这种缺点、这种努力、这种生活……才是可爱的。”[②] 理查德·沃尔特也指出，人物定型化会

① ［美］琳达·西格：《创造难忘的人物》，高远译，文化发展出版社 2017 年版，第 26 页。

② 转引自［美］琳达·西格：《创造难忘的人物》，高远译，文化发展出版社 2017 年版，第 39 页。

降低人文精神。[1]

（三）角色的思想情感及性格等应具有一定的连贯性

角色的思想情感及性格等的养成与外部环境的变化、个体的成长经历变化等密切相关，绝没有无缘无故的思想情感与性格的突变。

南斯拉夫的电影《桥》，讲述的是第二次世界大战接近尾声时，一小队南斯拉夫游击队员经过周密的安排和惊险曲折的斗争，将德军撤退途中一座必经的桥梁炸毁的故事。然而，作为桥梁的建造者，工程师最初是不想炸毁这座桥的。为了捍卫自己的杰作，他甚至尝试着逃跑。可是，当他历经了一次次的生死搏斗，目睹了一位位士兵的牺牲，他选择了亲手炸掉自己的杰作。如果没有途中的那些故事，没有牺牲士兵对工程师内心造成的触动，这种巨大的转变就不可能出现。

总之，角色的塑造离不开外貌、语言、行动、心理等这几个要素，想清楚你笔下的这个人物的外貌，了然于他会说什么、做什么、想什么，也就离角色的成功塑造又近了一步。

（本节主撰：黄海燕、张细珍、叶　健）

第二节　冲突设置

冲突设置

詹姆斯·斯科特·贝尔在他的《冲突与悬念：小说创作的要素》中提到，冲突与悬念是故事的两大挚友，无论如何，都要把冲突与悬念编排进小说里面去。[2]

罗伯特·麦基认为，冲突可以依下列四种层次打扰我们的生活：外在的（时间、空间，以及里面所有）、社会的（建制以及里面的个人）、个人的（亲密关系——朋友、家庭、情人）和私密的（意识的和潜意识的思想和情感）。[3] 借鉴罗伯特·麦基的这一思路，

① 参见［美］理查德·沃尔特：《剧本：影视写作的艺术、技巧和商业运作》，杨劲桦译，天津人民出版社 2017 年版，第 127 页。

② 参见［美］詹姆斯·斯科特·贝尔：《冲突与悬念：小说创作的要素》，王著定译，中国人民大学出版社 2019 年版，前言第 6—7 页。

③ 参见［美］罗伯特·麦基：《对白：文字·舞台·银幕的语言行为艺术》，焦雄屏译，天津人民出版社 2017 年版，第 62 页。

我把冲突分为两大类型:外部冲突和内部冲突。外部冲突又分为人与人之间的冲突、人与自然之间的冲突、人与命运之间的冲突、人与成规(社会)之间的冲突,等等。内部冲突则主要指的是本我和超我之间的冲突。

一、外部冲突

(一) 人与人之间的冲突

在《傲慢与偏见》中,达西先生和伊丽莎白小姐因各自的性格缺陷——傲慢和偏见,产生了一系列的误会。随着交往的深入,二人逐渐意识到自己的不足,开始更全面地了解了对方,并爱上了对方。不仅如此,作者还以这二人的冲突为主线串起了另外三组姻缘:简与宾利、莉迪亚与威克姆、夏洛蒂与柯林斯。

人与人之间的冲突既可以是性格冲突,也可以是利益冲突或情感冲突。在卡勒德·胡赛尼的小说《追风筝的人》中,阿米尔和哈桑,两人虽是主仆关系却有超越主仆的情感。阿米尔身体孱弱、性格内向敏感,经常被小孩欺负却不敢还手。哈桑为人忠诚,每次都为阿米尔挺身而出。可是,当父亲问阿米尔,哈桑脸上为何有伤时,阿米尔却回答:“哈桑不小心摔了一跤。”他的怯弱和不诚实令父亲失望。与此相反,哈桑身上却发出耀眼的美德的光芒。父亲非常喜欢哈桑,阿米尔由此对哈桑产生了深深的嫉妒。这就是冲突的开始。为了赢得父爱,阿米尔做出了令自己一生都难以原谅自己的事——诬陷哈桑偷窃。然而,哈桑没有辩驳,他洞悉一切,承认了偷窃,搬到了哈扎拉族聚居的哈扎拉贾特山区。而真相是,哈桑其实是阿米尔爸爸的私生子。

(二) 人与自然之间的冲突

中国的传统故事中有不少人定胜天的故事,型构的就是人与自然之间的冲突。例如《愚公移山》就讲述了愚公不畏艰难、坚持不懈的移山故事。1935 年,海明威从一位古巴老渔民那里听到了《老人与海》的故事原型。17 年间,海明威一直思量着如何将它写成小说,但真正动笔只用了 8 个星期。对于《老人与海》

的象征意义，争论很多。比如，有人认为海明威是用捕鱼在隐喻文学创作，用鲨鱼比作评论者，等等。而海明威本人则宣称，老人就是老人，大海就是大海，鱼就是鱼。那我们不妨就回到故事的最表层，把它视作为人与自然之间的冲突故事，是人与自然斗争、不服输的故事。当然，只要你愿意，也可以按照有些学者所说的那样理解——它隐喻的是作家和评论者之间的冲突。

（三）人与命运之间的冲突

古希腊作家索福克勒斯创作的剧本《俄狄浦斯王》，取材于希腊神话传说中俄狄浦斯杀父娶母的故事。《俄狄浦斯王》展示了富有典型意义的希腊悲剧冲突——人跟命运的冲突。俄狄浦斯智慧超群、热爱邦国、大公无私。然而这样一个为国家做了无数好事的英雄却无法逃脱“神示”的预言。由此，作者发出了对神的正义性的怀疑，控诉命运的不公和残酷。

（四）人与成规之间的冲突

霍达获得茅盾文学奖的作品《穆斯林的葬礼》刻画了楚雁潮与韩新月之间感人至深的爱情。一方面，考虑到两人的师生关系，楚雁潮一直没有向新月袒露自己的情感，直到新月患病。另一方面，韩夫人坚持回汉不能通婚，导致新月心脏病急剧恶化。无数读者在读到新月死后，楚雁潮冲破宗教的禁忌，跳下将要埋葬新月的墓穴为她试坑时，都流下了泪水。

电影《我不是药神》讲述了主人公程勇从黑心商人转变为用平价特效药救人无数的“药神”的故事。在那些白血病患者与家人的眼中，程勇就是救他们的英雄。但由于涉嫌违法，程勇陷入了牢狱之灾。

与外部冲突比起来，内部冲突的种类就少得多。其中最主要的是本我和超我之间的冲突，或理性与感性之间的冲突。

二、内部冲突

詹姆斯·斯科特·贝尔认为：“内心冲突是一种很棒的黏结剂。深入挖掘主角的内心世界，让读者瞥见心理挣扎的瞬间。

假如你做到了，我们就会继续读你的小说。”①

在电影《卧虎藏龙》中，主人公李慕白对俞秀莲说：“江湖里卧虎藏龙，人心里何尝不是？”李慕白所说的人心中的藏龙卧虎表示的是人们的欲望和对欲望的压抑。用精神分析法的话说，就是本我和超我之间的冲突和争斗。本我，与生俱来，遵循快乐原则。超我，是社会规则的内化，遵循的则是道德原则。李慕白剑法一流，武德高尚。他和俞秀莲多年互相爱慕，但未走到一起。原因是，多年前俞秀莲的未婚夫孟思昭是为了救李慕白而丧生的。遵守道德和礼教，是超我的功能，而追随内心的情感和欲望，是本我的欲求。李慕白有强大的超我，一直对本我的欲求严防死守，但影片开头有交代：“李慕白修炼未成，提早出关，来见俞秀莲。”这意味着李慕白很难压制本我的欲望。可是当俞秀莲说“你来，我就等你”时，他的回复却是“也许吧。”“也许吧”，三个字正是李慕白本我与超我的冲突在人物话语层面的表征，是李慕白矛盾、犹豫、挣扎心理的话语镜像。如果本我战胜了超我，便应是“去”；如果超我战胜了本我，则应是“不去”。他最终还是去了北京，赴这个“也许吧”的约。所以，李慕白退隐江湖，表面上看，可能是为了避开江湖纷争，但在更深层次其实是为了逃脱现实中礼教的束缚和评判，逃避超我的道德审判。李慕白本我与超我的矛盾，直到他中了碧眼狐狸的九转紫阴针，生命走到最后一刻，才彻底分出胜负，说出那句“我要用这口气对你说，我一直深爱着你！”

沈石溪的小说《红豺》，讲述了母豺火烧云如何摆脱复仇的欲望，将杀死自己孩子的母狼的幼崽视为自己的孩子，甚至为她献出生命的故事。火烧云的内心没有过冲突吗？当然有。我们来看书中的一段：

它是豺，它不缺乏杀戮的勇气，大灰母狼曾咬杀它的宝贝儿

① ［美］詹姆斯·斯科特·贝尔：《冲突与悬念：小说创作的要素》，王著定译，中国人民大学出版社2014年版，第172页。

女，它也不缺杀戮的理由。天灵灵，地灵灵，我的宝贝被狼吃，我吃狼崽理应当；天灵灵，地灵灵，狼崽是道甜点心，咬杀充饥很正常。它默默念叨，让自己心肠硬起来。

可不知道为什么，总有一种难以割舍的柔情在心头萦绕。①

失去儿女的火烧云，为了缓解乳房的胀痛，让小狼崽甜点心吮吸自己的乳汁。但是，喂奶的过程，也是火烧云和甜点心之间情感交流的过程。母豺和小狼慢慢产生了亲密无间的母子感情。当饥饿袭来，在已经很多天没有找到食物的情况下，火烧云也没有吃掉甜点心。风雪中，她选择走向村寨，冒险捕猎，在大花狗的扑杀中险些丧命。可即便如此，她仍想着——现在可以给甜点心喂奶了。

再看到希区柯克的电影《惊魂记》。故事中，携巨款潜逃的玛丽安最终决定悬崖勒马回头是岸。理智战胜了冲动下的贪欲。她在大雨中入住一家汽车旅馆，打算次日返回凤凰城，归还巨款。此时，电影安排了玛丽安沐浴的段落。洗澡，具有涤荡灵魂的隐含意味。不幸的是，她的生命就在这里画上了句点。一个身影闯入了浴室，刺杀了玛丽安。镜头中，大特写的玛丽安的眼睛仿佛是一个大大的问号——为何要杀我？于是，故事就由"玛丽安会成功携巨款潜逃吗？"变成了"是谁杀死了玛丽安？"玛丽安既未被强暴，床头的巨款也还在。凶手既不图色，又不劫财。他图啥呢？悬念就此拉开，好戏从这里才刚刚开始。带着这份悬念，我们进入下一节"悬念架设"。

（本节主撰：黄海燕）

第三节　悬念架设

悬念架设

"冲突是引擎，悬念是变速箱"②，悬念会促使读者不停地追

① 沈石溪：《红豺》，人民邮电出版社2010年版，第50页。

② ［美］詹姆斯·斯科特·贝尔：《冲突与悬念：小说创作的要素》，王著定译，中国人民大学出版社2014年版，译者序第1页。

问:后来呢？诺亚·卢克曼说:“悬念比任何其他元素更能影响作品即时的阅读体验,它是构成作品的本质,也是对其他元素完美的补偿。”[1]詹姆斯·斯科特·贝尔指出:“小说首先要建立一个核心的冲突,而悬念负责提供动力,迫使读者翻页向后阅读,直到结尾。无论什么类型的小说都是这样。冲突奠定了基础。……悬念则诞生于这片土壤。”[2]那么,什么是悬念,悬念和惊奇有哪些区别？悬念有哪些类型？制造和强化悬念的技巧又有哪些呢？

一、什么是悬念

悬念(suspense)一词源于法语,原意是“悬着的原因”。用诺亚·卢克曼的话说,“悬念就是创造和延长预期”[3]。而“紧张 + 疑问 = 悬念”,则是著名的希区柯克悬念公式。

可见,悬念必须制造疑问,且这种疑问须带有一定的强烈程度和持续时间。架设成功的悬念不是让我们喊出“啊！”,不是仅仅只有惊叹,它还会让我们迫不及待地追问“然后呢？然后呢？”“后来怎么样了？”。在这个过程中,我们可能心跳加快、手心出汗。而这就是悬念想要达到的效果。

希区柯克曾用一个经典的案例为我们解释悬念和惊奇的不同:

第一种叙述:我们在这里说话,也许有个炸弹就在桌子底下,我们的谈话非常普通,没有什么特别的地方。突然,“轰”,炸弹爆炸了。

这种叙述会让观众大吃一惊,但这场戏非常一般,极其乏味。

第二种叙述:炸弹在桌子底下,观众知道这一点。我们设想,

---

① [美]诺亚·卢克曼:《情节！情节！——通过人物、悬念与冲突赋予故事生命力》,唐奇、李永强译,中国人民大学出版社2012年版,第89页。

② [美]詹姆斯·斯科特·贝尔:《冲突与悬念:小说创作的要素》,王著定译,中国人民大学出版社2014年版,前言第9页。

③ [美]诺亚·卢克曼:《情节！情节！——通过人物、悬念与冲突赋予故事生命力》,唐奇、李永强译,中国人民大学出版社2012年版,第90页。

观众看到了——就算是无政府主义者放在那里的。观众知道炸弹将在一点爆炸，现在是十二点五十五分，钟是可以看见的。同样索然无味的谈话突发变得有趣了，因此观众参与了这场戏。他们想要向银幕呼喊:“别再废话了，桌子底下有个炸弹，马上就要爆炸了！”

这种叙述向观众提供的就是悬念了。

毫无疑问，第二种叙述有趣、刺激得多。

二、悬念的种类

按照悬念架设的节点，我们可将悬念分为闭锁式悬念和开放式悬念。

（一）闭锁式悬念

所谓闭锁式悬念指的是作者隐藏最终结局，让读者始终跟随过程去追寻结果的悬念。比如电影《罗拉快跑》采用的就是闭锁式悬念。刚刚为老大完成一项钻石交易的男子曼尼，带着装有10万马克的钱袋搭乘地铁回去。在地铁车厢里，曼尼看见两名警察向他走来，心虚的他慌慌张张下了车，把钱袋忘在了车厢里(被一个流浪汉拿走了)。而此时，距离曼尼和老大约定见面交钱的时间只剩下20分钟。如果20分钟之内筹集不到10万马克，曼尼就会被老大杀死。曼尼打电话向女友罗拉求救:如果20分钟之内不能带上10万马克赶到，他就只能铤而走险抢劫电话亭对面的超市。悬念由此架设:罗拉能够成功为男友曼尼解困吗?

（二）开放式悬念

所谓开放式悬念，指的是作者一开始就给出了故事结局，读者期待的是过程悬念。绝大部分侦探小说采用的都是开放式悬念——人已经被杀了，我们也知道，一般侦探最终都会找到凶手。但受害人是如何被杀的？侦探又是通过什么办法破案的？这是读者充满好奇的地方。就像《名侦探柯南》中的那句话“凶手就在我们中间”。答案已经给出，接受者要的是解题过程。

三、强化悬念的技巧

（一）增强悬念力度

电视剧《潜伏》讲述了抗日战争接近尾声之际，经过中共策反，军统情报处成员余则成以地下党身份重返军统，并与党组织派出的“冒牌夫人”翠平一同合作完成潜伏任务的故事。组织上原本要派出的是翠平的妹妹，但由于妹妹出了事故，只能派翠平来救场。可翠平没出过黄土高坡、没见过世面，说话做事大大咧咧、土得掉渣。“假夫妻”已经是风险重重、挑战巨大，如此一位“冒牌夫人”的替身更是加大了风险和挑战。余则成能否顺利完成潜伏任务的悬念由此被强化了。

（二）更新悬念走向

在伊朗电影《小鞋子》中，小男孩阿里不小心弄丢了妹妹的鞋子。贫困家庭中的他们很清楚，父母是没有钱给他们买新鞋的。兄妹二人经过一番沟通，决定瞒着父母，轮流穿着哥哥的鞋去上学。同时，他们也一直在解决“鞋子去哪了”的问题。鞋子终于找到了，悬念好像解决了，可以要回鞋子了。可是，他们发现，鞋子的新主人是个盲人家的孩子，善良和同情心让他们放弃了要回鞋子的打算。这时，阿里看到了马拉松比赛的报名通知。关键是季军能赢得一双运动鞋。于是，“阿里能夺得季军，为妹妹赢得那双运动鞋吗？”就成了新的悬念。有了人性之美的展现，加上悬念走向的变化，我们对兄妹二人的故事就更加充满期待了。

（三）创新悬念模式

阿加莎·克里斯蒂的代表作《无人生还》，光单本销量就超过了 1 亿册。作为一本侦探小说，它的标题其实就已经剧透了——无人生还——没有一个人活下来。然而，为什么无人生还？这些人又是如何一个个死去的？他们为何会死去？这是故事留给我们的悬念。在这个故事里，阿加莎·克里斯蒂给我们展现了新的悬念模式——童谣杀人模式。故事发生在 1939 年的伦敦，八个身份不同的陌生人都收到了一对神秘富豪夫妇的邀请——去士兵岛上做客。八人登岛后，各自住进了自己的单间。而每个房间里都装裱着一首古老的英格兰童谣——

十个小士兵，出门打牙祭；不幸噎住喉，十个只剩九。

九个小士兵，秉烛到夜半；清早叫不答，九个只剩八。

八个小士兵，旅行去德文；流连不离去，八个只剩七。

七个小士兵，举斧砍柴火；失手砍掉头，七个只剩六。

六个小士兵，捅了马蜂窝；蜂来无处躲，六个只剩五。

五个小士兵，同去做律师；皇庭判了死，五个只剩四。

四个小士兵，结伴去海边；青鱼吞下腹，四个只剩三。

三个小士兵，动物园里耍；狗熊一巴掌，三个只剩俩。

两个小士兵，日头下面栖；毒日把命夺，两个只剩一。

一个小士兵，落单孤零零；悬梁了此生，一个也不剩。[①]

童谣所述的10个士兵的死状，正是对岛上10个人死亡方式的预告——小说不仅从标题就开始剧透结局，还通过童谣剧透了10个人(8个登岛的陌生人加上此前上岛的管家夫妇两人，一共10人)的死法。但这个预告也让我们更加充满好奇——这些人真的会按照童谣所述，一个个死去吗？操纵者究竟是如何做到的？他又为何要这么做？故事的最后，我们才通过漂流瓶得到了答案——这一场完美犯罪的整个策划，被操纵者写在了漂流瓶中。由阿加莎克里斯蒂创造的“童谣杀人模式”与“暴风雪山庄模式”是《无人生还》成为侦探小说经典的重要原因。如果你对这两个模式感兴趣，不妨把小说找来读一读。

(本节主撰：黄海燕)

氛围营造

第四节　氛围营造

氛围，指周围的气氛和情调。氛围营造，即作者在叙事过程中，通过环境、人物和情节等的描写来营造故事的气氛和情调，给读者以身临其境的感觉，引起读者的情感共鸣，增强文章感染

① ［英］阿加莎·克里斯蒂：《无人生还》，夏阳译，新星出版社2013年版，第26页。

力。氛围营造得当能够让故事更加丰满。

2019年，网剧《长安十二时辰》凭借对建筑、服装、制度、礼仪、官职等的高度还原，用大量的文化细节将观众迅速拉入故事氛围中，成为热门大剧。那么，文学作品如何营造氛围呢？接下来我们详细介绍9种营造氛围的方法。

一、环境渲染法

环境渲染法是最常用的一种渲染气氛方法。环境渲染法选择环境中的特定事物，通过对色彩、声音、物态及心情的刻画，营造独特的氛围，表现人物的心理感受。例如《聊斋志异·聂小倩》中的一段：

寺中殿塔壮丽；然蓬蒿没人，似绝行踪。东西僧舍，双扉虚掩；惟南一小舍，扃键如新。又顾殿东隅，修竹拱把；阶下有巨池，野藕已花。意甚乐其幽杳。会学使案临，城舍价昂，思便留止，遂散步以待僧归。①

寥寥数语，蒲松龄就渲染出兰若寺的阴森诡异，为下文聂小倩的出现营造出独特的氛围。

二、人物场面渲染法

人物场面渲染法的对象主要是人，且一般针对的是群像，它通过刻画场面中不同人物的表现和整个人群的共同表现来渲染气氛。例如《史记·刺客列传第二十六》中的易水送别一幕：

太子及宾客知其事者，皆白衣冠以送之。至易水上，既祖，取道，高渐离击筑，荆轲和而歌，为变徵之声，士皆垂泪涕泣。又前而为歌曰："风萧萧兮易水寒，壮士一去兮不复还！"复为羽声慷慨，士皆瞋目，发尽上指冠。于是荆轲遂就车而去，终已不顾。②

作者详细描写了前来相送的众人，先"垂泪"后"瞋目"，将送别的悲壮之感渲染得淋漓尽致。

---

① 〔明、清〕蒲松龄：《聊斋志异》，朱立国点注，华夏出版社2017年版，第78—79页。

② 〔西汉〕司马迁：《史记（文白对照本）》第3册，张大可译，商务印书馆2019年版，1500页。

三、情节渲染法

情节渲染法通常是指通过细节描写，以情节的紧凑、动作的迅捷、时间的疾驰等来营造紧张的氛围；以情节的舒缓、动作的轻柔、时间的缓慢等来营造轻松闲适的氛围；以情节的缓慢、动作的缓慢沉重、时间的停滞等来营造压抑、沉重悲伤的氛围，等等。例如《故都的秋》中：

早晨起来，泡一碗浓茶，向院子一坐，你也能看得到很高很高的碧绿的天色，听得到青天下驯鸽的飞声。从槐树叶底，朝东细数着一丝一丝漏下来的日光，或在破壁腰中，静对着像喇叭似的牵牛花的蓝朵，自然而然地也能够感觉到十分的秋意。①

作者通过品浓茶、看蓝天、听鸽声、数日光、赏牵牛花等一系列动作的描写，营造出一种轻松闲适、清静舒缓的氛围。

四、时间渲染法

时间渲染法指的是以时间为文章明线，选择若干个时间点，时间点精确到几时几分，甚至精确到秒，通过时间的分秒变化，呈现故事情节的发展，营造紧张、焦急的氛围的手法。例如在电影《八佰》中，“八百壮士”奉命留守上海闸北，在苏州河畔的四行仓库鏖战四天，每一天都是生死搏斗，每一刻都踩在死亡边缘。作品以时间的推移渲染出惊心动魄的紧张氛围。再比如罗贯中在《三国演义》第五回温酒斩华雄的部分中写道：

操教酾热酒一杯，与关公饮了上马。关公曰：“酒且斟下，某去便来。”出帐提刀，飞身上马。众诸侯听得关外鼓声大振，喊声大举，如天摧地塌，岳撼山崩，众皆失惊。正欲探听，鸾铃响处，马到军中，云长提华雄之头，掷于地上。其酒尚温。②

罗贯中以温酒作为时间线，酒尚温而人头落地，关羽之勇跃然纸上。

① 郁达夫：《故都的秋》，凤凰出版社 2012 年版，第 1—2 页。
② 〔明〕罗贯中：《三国演义》，商务印书馆 2016 年版，第 28 页。

五、镜头切换法

镜头切换法是指以一个时间点或小的时间范围为定点，描写不同地方的人们都在做什么，进而渲染一种独特气氛的方法。这种手法在影视中很常见。例如黑泽明导演的电影《罗生门》。一名武士被杀，但凶手到底是谁，樵夫、强盗多襄丸、死者的妻子真砂，都怀着利己的目的，竭力维护自己，指证他人为凶手。电影通过不断的镜头切换，展示出不同的杀人真相，营造出一种迷雾重重、真假难辨、深邃隽永的独特氛围。

六、心语渲染法

心语渲染法指的是通过内心独白、责问、自问等方式，渲染某种气氛、某种情绪和某种心理的手法。例如在歌德的《少年维特之烦恼》中，维特爱慕绿蒂，但是绿蒂已有未婚夫，处于煎熬中的维特经常在内心苦苦挣扎：

不幸的人呵！你可不是傻子吗？你可不是自我欺骗吗？这无休止的热烈渴慕又有何益？除了对她，我不再向任何人祷告；除了她的倩影，再没有任何形象出现在我的脑海里；我周围世界的一切，在我眼里全都与她有着关系。这样的错觉也曾使我幸福了一些时候，可到头来仍不得不与她分离！①

作者运用心语责问的形式，渲染了一种自责痛苦的氛围。

再如，在艾米莉·勃朗特的小说《呼啸山庄》中，凯瑟琳表白自己对希斯克里夫感情的一段内心独白：

可是你，以及每一个人，谅必都有一种想法：除了你之外，还有，或者说应该还有，另一个你的存在。要是我整个儿全在这儿了，那把我创造出来的用处是什么呢？在这个世界上，我最大的悲苦就是希思克里夫的悲苦，而且从一开始，我就全都觉察到、感受到了。我活着的最大目的，就是他。即使别的一切全都消亡了，只要他留下来，我就能继续活下去；而要是别的一切都留下来，只有他给毁灭了，那整个世界就成了一个极其陌生的地

① ［德］歌德：《少年维特的烦恼》，杨武能译，中央编译出版社2015年版，第45页。

方，我就不再想是它的一部分了。我对林敦的爱，就像林中的树叶。我很清楚，当冬天使树木发生变化时，时光也会使叶子发生变化。而我对希思克里夫的爱，恰似脚下恒久不变的岩石，它虽然给你的欢乐看起来很少，可是必不可少。①

这段对话式的独白，用比喻的方式渲染出永恒而浓烈的爱的情感氛围，给读者以巨大的情感震撼。

七、循环往复渲染法

循环往复渲染法指的是在写作过程中，通过一咏三叹式的写法，反复书写表达情绪、心理感受等的句子，从而营造出某种氛围的手法。这种手法在《诗经》中用得很多。例如，《蒹葭》中对“蒹葭苍苍，白露为霜”的反复咏叹，营造出一种朦胧缥缈的情调；《无衣》中对“岂曰无衣”的反复咏叹，渲染出同仇敌忾、保卫家园的氛围等。又如艾青在《大堰河——我的保姆》中写道：

她含着笑，洗着我们的衣服，
她含着笑，提着菜篮到村边的结冰的池塘去，
她含着笑，切着冰屑窸索的萝卜，
她含着笑，用手掏着猪吃的麦糟，
她含着笑，扇着炖肉的炉子的火，
她含着笑，背了团箕到广场上去，
晒好那些大豆和小麦，
大堰河，为了生活，
在流尽了她的乳液之后，
她就用抱过我的两臂，劳动了。②

作者反复描写大堰河的笑容，将这笑容与她的辛苦劳作鲜明对比，反衬出乳母的善良乐观，抒发了作者对自己乳母的追思与怀念。

---

① ［英］艾米莉·勃朗特：《呼啸山庄》，宋兆霖译，作家出版社 2015 年版，第 69—70 页。

② 艾青：《艾青诗选》，作家出版社 2018 年版，第 4 页。

八、数量渲染法

数量渲染法指的是通过选取有独特意义的数字来渲染气氛的手法。例如张岱《湖心亭看雪》:

天与云、与山、与水,上下一白。湖上影子,惟长堤一痕,湖心亭一点,与余舟一芥,舟中人两三粒而已。[①]

作者反复借助"一"这个独特的数字,渲染出遗世独立、卓然不群的独特氛围。而北宋时邵雍的诗作《山村怀咏》:"一去二三里,烟村四五家。亭台六七座,八九十枝花。"则是把一到十的数字全部运用其中,把"烟村""亭台""花"等意象排列在一起,描绘了一幅淡雅的田园风光,渲染出诗人悠然闲适的心情。

九、悲惨事件罗列法

悲惨事件罗列法是通过围绕一个人物,并列叙述他的几件悲惨遭遇来营造一种凄婉、苍凉的氛围的方法。例如,韩愈《祭十二郎文》:

呜呼!吾少孤,及长,不省所怙,惟兄嫂是依。中年兄殁南方,吾与汝俱幼,从嫂归葬河阳,既又与汝就食江南,零丁孤苦,未尝一日相离也。吾上有三兄,皆不幸早世,承先人后者,在孙惟汝,在子惟吾。两世一身,形单影只,嫂尝抚汝指吾而言曰:"韩氏两世,惟此而已!"[②]

韩愈幼年丧父,靠兄嫂抚养成人,兄又中年早逝,韩愈和侄子一同长大,感情深厚,但成年后聚少离多,本想安定后相聚一堂、长久相伴,却不料侄子英年早逝,悲惨的遭遇,令人落泪。

王国维说"一切景语皆情语",氛围营造有的偏重景物描绘,有的注重情感抒发,有的二者兼得。其中写好景物是营造氛围的重要途径,如何写好景物呢?一是细致观察,写好物

① 〔明〕张岱:《陶庵梦忆　西湖寻梦:张岱著作集》,栾保群点校,浙江古籍出版社2012年版,第42页。

② 〔唐〕韩愈:《祭十二郎文》,侯毓信编著:《唐宋散文》,上海人民出版社2017年版,第69页。

象。不同景物有不同特点，同类景物也有不同特点。如李森祥的《台阶》：

那石板没经石匠光面，就铺在家门口。多年来，风吹雨淋，人踩牛踏，终于光滑了些，但磨不平那一颗颗硬币大的小凹。台阶上积了水时，从堂里望出去，有许多小亮点。①

作者在这里主要是抓住了台阶破旧做工粗糙的特点，与后文新的平坦的台阶形成对比。

二是饱含情感，写好意象。如徐志摩在《再别康桥》中对自然景物的描绘：

那河畔的金柳，
是夕阳中的新娘；
波光里的艳影，
在我心头荡漾。
软泥上的青荇，
油油的在水底招摇；
在康河的柔波里，
我甘心做一条水草！②

作者通过金柳、青荇、夕阳、艳影、柔波等一系列意象充分表达了自己对康桥的热爱。景语与情语交融，既透露出对美好生活的留恋和向往，也夹杂着离别的惆怅和落寞。

三是情景理完美交融，富有意境。即将人生之思、万物之理、天地之道融汇在物象和意象之中，具有一种超越性。例如苏轼在《前赤壁赋》中写道：

清风徐来，水波不兴。举酒属客，诵明月之诗，歌窈窕之章。少焉，月出于东山之上，徘徊于斗牛之间。白露横江，水光接天。纵一苇之所如，凌万顷之茫然。浩浩乎如冯虚御风，而不知其所止；飘飘乎如遗世独立，羽化而登仙。③

---

① 李森祥：《台阶》，《雪莲》2015年第22期，第99页。

② 徐志摩：《再别康桥》，天津人民出版社2011年版，第165页。

③ 〔北宋〕苏轼：《前赤壁赋》，王海燕、尚晓阳注析：《历代赋选》，海南出版公司2007年版，第322页。

叙事者站在事件之外，以一个旁观者的身份来叙述整个故事的发展，既不做任何解释，也不介入到故事中任何人物的内心活动去。如果说，全知视角是叙事者所知大于故事中人物所知的视角，内视角是叙事者所知等于故事中人物所知的视角，那么外视角就是叙事者所知小于故事中人物所知的视角。

海明威的《杀人者》就属于外视角写作。故事中，两个酒店“顾客”的真实身份及其来酒店的目的，在一开始除他们本人外，谁也不知道。杀人的内幕在小说中也只有那个要被谋杀的人知晓，但他又闭口不言。直至故事结束，读者也未能得到答案。叙事者只是让尼克觉得“太可怕”并决定离开此地。换言之，海明威意不在给我们答案，而是通过外视角这一叙述方法，激发我们对生存世间的恐惧感。

虽然外视角的局限性很大，很难进入人物内心，不利于全面刻画人物形象；但能形成一种冷峻的形而上的思考。因此，别有一番审美情趣。

二、视角的组合和转换

在故事写作中，视角并不是一旦选定就必须从始至终贯彻的。为了满足不同的表达需要，作者可以采用多种视角灵活转换进行叙事。

（一）全知视角和内视角的转换

来看严歌苓短篇小说《金陵十三钗》的开篇：

我姨妈书娟是被自己的初潮惊醒的，而不是被一九三七年十二月十二日南京城外的炮火声。她沿着昏暗的走廊往厕所跑去，以为那股浓浑的血腥气都来自她十四岁的身体。天还不亮，书娟一手拎着她白棉布睡袍的后摆，一手端着蜡烛，在走廊的石板地上匆匆走过。白色棉布裙摆上的一摊血，五分钟前还在她体内。就在她的宿舍和走廊尽头的厕所中间，蜡烛灭了。她这才真正醒来。突然哑掉的炮声太骇人了。要过很长时间，她才会从历史书里知道，她站在冰一般的地面上手端铁质烛台的清晨有多么重大悲壮。几十万溃败大军正渡江撤离，一座座钢炮被沉入江水，逃难的人群和车泥沙俱下地堵塞了几座城门。就在她楼下的围墙外面，一名下级军官的脸给绷带缠得只露一个鼻尖，正在剥下一个男市民的褴褛长衫，要换掉他身上血污的军服。我姨妈书娟这时听见这骇人的静哑中包容的稠浊人潮。她也是后来才知道，正是那个时刻，人们抱着木盆、八仙樟木箱跳进隆冬的江水，以生命在破城而来的日本军队和滔滔长江之间赌上一局。①

这里"书娟"的内视角与叙事者的全知视角被交叉混合运用，作品由此获得了单一视角难以实现的生动性和丰富性——内视角让我们与人物感同身受，更具现场感；全知视角不仅提供了大量的历史背景和书娟不掌握的信息，也让人物形象更加立体了。

（二）内视角和外视角的转换

不仅全知视角和内视角可以进行组合和转换，内视角和外视角也是可以组合与转换的，且不同的内视角还可以灵活切换。下面，我们结合《红楼梦》中刘姥姥进荣国府的一段叙述，来体会作者曹雪芹是如何高超地转换视角的。

周瑞家的听了连忙起身，催着刘姥姥："快走，这一下来就只吃饭是个空儿，咱们先等着去。若迟了一步，回事的人多了，就难说了。再歇了中觉，越发没时候了。"说着一齐下了炕，整顿衣服，又教了板儿几句话，随着周瑞家的逶迤往贾琏的住宅来。

先到倒厅，周瑞家的将刘姥姥安插住等着，自己却先过影壁，走进了院门，知凤姐未出来，先找着凤姐的一个心腹通房大丫头，名唤平儿的。周瑞家的先将刘姥姥起初来历说明，又说："今日大远的来请安，当日太太是常会的，所以我带了他过来，等着奶奶下来，我细细儿的回明了，想来奶奶也至嗔着我莽撞的。"平儿听了，便作了个主意："叫他们进来，先在这里坐着就是了。"周瑞家的方才出去领了他们进来。

上了正房台阶，小丫头打起猩红毡帘，才入堂屋，只闻一阵

① 严歌苓:《金陵十三钗》，中国作协选编:《小说选刊》，漓江出版社 2013 年版，第 265 页。

香扑了脸来，竟不知是何气味，身子就像在云端里一般。满屋中之物都是耀眼睁光的，使人头晕目眩，刘姥姥此时只有点头咂嘴，念佛而已。①

这段文字的视角顺序依次为：周瑞家的内视角——叙事者的外视角——刘姥姥的内视角——叙事者的外视角。②短短不到400字的叙述，曹雪芹更换了4个视角。由此，我们既能不断出入内外视角之间，还能借由不同人物的眼睛，进入不同人物的内心，见其所见、感其所感。

想要最直接地体验不同视角带来的不同审美差异和叙事效果，不妨试试改写一段作品。

（本节主撰：陈文钢、叶　健、曹　珊）

思考与训练

1. 你印象最深刻的艺术形象是哪一个？说一说作者是如何塑造这个角色的。

2. 结合你熟悉的一部作品，谈谈其冲突的设置和悬念的架设。尝试着写一个充满冲突与悬念的小片段。

3. 尝试用某种氛围渲染法写作一个片段。

4. 尝试着改变一篇小小说的叙事视角。体会视角改变后，故事发生了哪些变化。

推荐书目

（一）初级阅读

1. ［美］威廉·E. 布隆代尔：《〈华尔街日报〉是如何讲故事的》，徐扬译，华夏出版社2006年版。

2. ［美］马克·克雷默、温迪·考尔：《哈佛非虚构写作课：怎样讲好一个故事》，王宇光等译，中国文史出版社2015年版。

① ［清］曹雪芹、高鹗：《红楼梦》，商务印书馆2016年版，第50页。

② 参见许建平：《明清小说叙事聚焦研究的四点新发现》，《河北学刊》2012年第1期，第70页。

3. [美]约翰·麦克菲:《写作这门手艺:普林斯顿大学写作课》,李雪顺译,湖南文艺出版社 2018 年版。

4. [美]琳达·西格:《创造难忘的人物》,高远译,文化发展出版社 2017 年版。

(二) 进阶阅读

1. [美]约翰·特鲁比:《故事写作大师班》,江先声译,湖南文艺出版社 2019 年版。

2. [美]杰克·赫弗伦:《作家创意手册》,雷勇、谢彩译,中国人民大学出版社 2015 年版。

写作进程

第五站:初稿与磨稿

要　　求:

按照课程作品的格式规范递交初稿,面批后提交修改稿。

温馨提示:

1. 如作品为多模块形式,且各模块由不同成员完成,请保持作品的整体性。

2. 面批环节所有组员均须到场,老师将与所有小组成员共同沟通修改建议。

3. 公开圈评有助于共同商讨、一同提高。每班将选取一个作品进行公开圈评,欢迎各小组报名。

往期学员案例分享

■《当我们看向镜子时,我们看见什么?》

当我们看向镜子时,我们看见什么?

(节选)

午夜植物小组(邵佳、詹若辰、吴雨娟、张飞鸿)

《当我们看向镜子时,我们看见什么?》初稿全文及教师批注

人物

小王——男,二十四岁,初入社会,无业游民,后天腿部残疾。

小吴——男，二十八岁，广播电台脱口秀节目主持人，身材矮小。

小李——女，二十五岁，公众号运营者，身体肥胖。

小张——女，二十岁，大学生，身体无明显缺陷。

场景一：4束追光分别打在4个角色身上，4人背后均摆放着一面落地镜，手中均紧握木锤。4人举起木锤，作敲碎镜子状。在木锤将要触及镜子的瞬间，灯光熄灭。

序幕

小王：你们平常会照镜子吗？

小吴：我们当然会照镜子。

小王：当你们看向镜子时，你们看见什么？

小张：我们看见……被嘲笑、被羞辱、不完美的自己。

小李：但是，那真的是我们自己吗？

小张：是，也不只是。镜子里的人，裹挟着他人的审美和评价，像笼罩了层层迷雾，我，快要看不清自己了。

小吴：莎士比亚说过——To be or not to be，that's a question!

小李：生存还是死亡，这是个值得思考的问题。

小王：生存不是问题，身体是我们的问题。

4人合：我们真的很害怕，真的，因我们的身体而害怕！

场景二：4人围坐在圆桌前，面面相觑。

……

（站起，语气疑惑，渐强）

为什么一定要是筷子腿？为什么一定要是A4腰？为什么一定要是直角肩？为什么一定要是九头身？为什么一定要白幼瘦？为什么一定要“s”型曲线？为什么一定是有了这些才叫完美？又是为什么会出现这样的标准？为什么人们喜欢给别人下定义？为什么审美会变得如此单调？

Body shame从来不是因为某个人某件事而存在，它无差别地攻击每一个人。而这种偏颇的定义，本身就是一种错误。错的从来都不是我们，错的是狭窄单调的审美。以我们微薄的力量想改变这世界无异于蜉蝣撼树，但我们，至少能改变我们自己。

（微笑，表现对自己的欣赏）

完美地接受不完美的自己，才是终身浪漫的开端。

场景三：（恢复场景一）四人举起木锤，重重砸向镜子，镜子破碎。四人转过身，相视一笑。

（灯光全亮）

评审专家评语

这篇习作在尝试用戏剧的形式来表现人与人之间的某种缺失，题目比较巧妙，引人思考。大一学生的初试啼声，虽然有简单之嫌，比如形式上一个一个地独白，对善跑者体型想当然的误判，对人性认识和期待的过于灰暗。

但也许就是因为他们的简单，也就把大学生的敏感、多愁、自怜和偏执表现了出来。

多多试声，啼唱一定会更为动听。

——陈文钢

当我们看向镜子的时候，我们看见什么？在如今这个媒介化的社会，我们被多重“镜子”所左右——媒介塑造着我们的审美，他人的言谈举止强化着媒介所倡导的美学标准，实体的镜面又让我们一再陷入对自身的批判性审视。午夜植物的作品正是对以上现象进行批判性思考后的文学化创作。作者们将4个极度生活化的故事统合于同一主题之下，语言平实却极具张力，既让人读来不觉乏味，更能引人共鸣、引人沉思。

——谢欣

好的作品往往具有某种能够击中人心的特质，它不一定要求多么华丽的辞藻，也并非要告诉你多么深刻的人生哲理，但优秀的作品一定是真诚的、发自内心的、具有感染力的。这篇作品显然具备这样的特点。文章借用话剧的形式，通过4个不同人物的讲述集中反映了一个问题，那就是他们所遭受的身体偏见。作者不仅道出了无数有着相同遭遇的人不敢说、不愿说或不知道如何说的事情，还从侧面反映了当今时代的审美标准在价值取向和评价体系方面存在的诸多问题。我们可以把这四段独白看作是对以高、瘦为审美导向的肤浅的身体美学的反抗，而小张最后的一连串发问，以及四人举起木锤将镜子砸碎后的相视一笑，则暗示着他们最终从各种“身体困境”中解脱，表现出一种超越偏见的智慧和勇气。

——叶健

指导老师的话

“身体歧视”，这是一个具有公共讨论价值且容易引发共情的好选题。但当午夜植物小组告诉我，他们决定采用话剧形式来表达对“身体歧视”的思考时，我还是颇有担心（据我了解，他们 4 人都没有剧本创作的经验）。不仅如此，他们还决定选择用 4 大段独白来结构全剧。这就更难了！这种结构设计，从团队操作来看，也许便于各自分头创作，展现 4 人不同的内心世界。但是大段独白要能抓人，非常考验话剧语言功力。不仅如此，小组还要考虑 4 个部分如何串联成整体的问题。所以，他们，行吗？最终，我尊重了他们的选择——写作训练应该允许试错。同时，我给他们开列了包括罗伯特·麦基的《剧本》在内的 3 本参考书和包括《阴道独白》在内的 3 部话剧，让他们有针对性地补课和学习。

有意思的是，几个月后，我看到了“蕉内”那条火爆朋友圈的广告——《女生的反义词》。对啊，我们正在进入一个敢于肯定自我身体的自信时代。只有学着接纳并肯定自己身体的“不完美”，学着平视并欣赏他人身体的“不完美”，只有学着对那些浅薄、狭隘、固化的审美观念说“不”，我们才能——靠近完美。

女生的反义词是什么？

午夜植物小组的同学们用自己的方式思考与探讨了“身体歧视”这个问题。无论如何，经历了这个过程，我觉得他们，应该是，更好的自己了吧！

——黄海燕

将“写作”与“沟通”并列起来，其实不当。因为写作的目的，本质上就是沟通——它既向外连接宇宙、自然、世界、社会，也向内连接自己。或许我们难免遭遇“词不尽意”，最终“对空言说”；或许我们难免经历“辗转反侧”，最终“思而不得”；却又不能不沟通。我们也许可以放弃书写，但却不能不说话（哑语也是一种说）。

我们这一生都在学习说话，却往往自觉不自觉地忘记了或者忽略了倾听，忘记“沉默是金”，忘记沉默也有它的意义与价值。有些时候，我们还会忽略无声的非语言也是有力的表达，又或者在公开表达时总是手足无措。第八章，我们走进口语沟通与非语言沟通的世界，了解沟通的原则、说服的艺术、幽默的艺术、倾听的艺术和非语言沟通。

第八章　沟通

第一节　沟通的原则

沟通的原则

“沟通”指使两方能通连，是人与人之间的一种信息传播过程和行为调节过程。子曰：“终身为善，一言则败之，可不慎乎？”[①] 人际矛盾的产生、冲突的爆发，很多都可归因于沟通不当。那么，做好沟通应把握哪些基本原则呢？

一、与人为善原则

与人为善是一种价值导向。管子曰：“善气迎人，亲如弟兄；恶气迎人，害于戈兵。”[②] 英国学者利奇在《语用学原则》一书中

① 王志新主编：《孔子家语》，团结出版社 2018 年版，第 176 页。

② 《管子》，房玄龄注，刘绩补注，刘晓艺校点，上海古籍出版社 2015 年版，第 273 页。

提出的礼貌原则，从学理角度阐述了与人为善对语言交际的重要作用。利奇认为，礼貌原则具体包括得体准则、赞誉准则、谦虚准则、一致准则、慷慨准则和同情准则六个准则。

得体准则：说话者说话时合乎场合情境，不违反常情。

赞誉准则：说话人最大限度地赞扬对方，不贬低对方。

谦虚准则：说话人最大程度地降低自己，不抬高自己。

一致准则：说话人尽可能赞同对方观点，从而减少分歧。

慷慨准则：说话人尽可能多替对方考虑，从而避免自利。

同情准则：说话人尽可能感同身受对方，从而破解对立。[①]

礼貌的本质是与人为善，核心是尊重别人。我们需要有这样一种意识：当别人尊重你时，并不是你很优秀，而是别人比你更优秀。真正优秀的人，是平易近人，懂得尊重人的。孟子曰："爱人者，人恒爱之；敬人者，人恒敬之。"[②] 尊重别人容易换来对方的尊重，自然有利于沟通。倾听对方，不轻易打断；不居高临下、自我炫耀；不调侃、嘲讽对方；不轻易质疑、揭露对方；不盘问对方隐私或不顺心的事；不说浅薄粗俗的话，这些都是尊重别人的表现。

当碰上不讲道理、发脾气、说恶语的人时，如果我们针锋相对、以恶制恶，就等于把自己降到了和对方同样的层次，很可能导致矛盾加剧、交流失败。此时，不妨先搁置对方说话的态度、语气、情绪、用词，理性分析对方说话的内容，找出其核心诉求，特别是其中的合理诉求，予以安慰和回应，变情绪的对抗为问题的解决。

二、准确高效原则

沟通应有明确的结果导向，追求准确、高效。美国语言哲学家格莱斯于二十世纪六七十年代提出的交际过程中的四大准则，正是准确高效的细分。

---

① Geoffrey N.Leech, *Principles of Pragmatics*. London: Longman, 1983, p.132.

② 《孟子》，杨伯峻、杨逢彬注释，岳麓书社 2000 年版，第 147 页。

质的准则：说话者确保话语真实可靠，不空也不假。

量的准则：说话者提供信息多少适中，不多也不少。

关联准则：说话者话语前后连贯相关，不枝也不蔓。

方式准则：说话者传输形式适当简洁，不乱也不繁。①

（一）准确表达，减少误会

所谓准确，一般包括定性和定量两方面。定性准确，主要指合乎事实与规律，真实可靠；定量准确，主要指对概念、定义、问题的具体表达，真实可感。

假设有同学问："你什么时候到？"三种回答：(1) 我很快就到；(2) 我大概过五分钟到；(3) 我已经到学校门口了。后两种回答传递的信息显然更准确，更利于问者做出判断。

清代王夫之说："作者用一致之思，读者各以其情而自得。"②对同一种信息，不同的接受者可能会作出不同的解读，甚至产生误会。这要求表达者要多从对方的角度思考，接收方则应注意语境，结合上下文理解，如有疑问及时反馈。善于沟通的人，能够闻弦歌而知雅意，揣摩出其言外之意。当然，这通常需要丰富的知识和阅历做基础。

（二）全面着想，提高效率

1. 提前准备

沟通前应做到心中有数，想好需要传达或搜集哪些信息、需要解决哪些问题、可能遇到哪些困难，等等。同时，还应对沟通的目标人物做必要了解，规避禁忌。

2. 标识清晰

科技的发展为人们的即时沟通提供了很大便利，大大提升了沟通效率。我们在线发送文件、传达信息时，应做到便于对方

① Herbert P.Grice, *Logic and Conversation*. In Cole, P. & Morgan, J. (eds.) Syntax and Semantics q: pragmatics, Vol.3: Speech Acts, New York: Academic Press, 1975, pp.307–308.

② 〔明、清〕王夫之：《姜斋诗话笺注》，戴鸿森笺注，上海古籍出版社 2012 年版，第 5 页。

识别。比如，做好文件的命名，让对方一看就知道主题是什么、信息发布人是谁，等等。

3. 便于存储

很多人习惯通过聊天软件的对话框发文件。如此发送虽然便捷，但却往往不便于对方下载保存，时间长了还会出现已经清理、无法下载的情况。为此，重要文件可以另发到对方电子邮箱，以便对方备份、随时查看。

4. 保证直观

网络沟通时，有人喜欢发语音留言，觉得方便省事，但这导致对方必须听完才知道内容，不像文字留言一目了然。即使可以对语音进行文字转换，那还是多了一个步骤，而且很可能因为发音不准或噪音等问题而出现转换误差。再者，语音留言不能转发，也不便保存。所以，使用语音留言的沟通方式时，应对此做充分考虑。

除了上面所说的几点外，有些人通过网络交流时，喜欢首先问对方在不在。有人见多了这种留言，忍不住这样回复："你让我怎么回答你？我要说我在，你找我借钱怎么办？我要说不在，你请我吃饭怎么办？我要说在，找我没好事怎么办？我要说不在，有好事落下怎么办？"这个笑话，算是对低效沟通的一种讽刺了。当然，有些看上去几乎没有信息含量的语言，往往也是有它特殊的意义的，不能简单用效率去衡量。比如，对方按照约定时间与你见面。见到对方后，你可以能寒暄一句"你来了？"这样的询问有多少信息含量吗？当然没有。但是它连接起人与人之间的善意，是一种问候时必要的信息熵。

三、区别对待原则

实事求是，是马克思主义的根本观点。毛泽东1941年在《改造我们的学习》中曾对实事求是作过经典阐述，他说："'实事'就是客观存在着的一切事物，'是'就是客观事物的内部联系，即规律性，'求'就是我们去研究。"[①] 区别对待是实事求是的要

① 《毛泽东选集》第3卷，人民出版社1991年版，第801页。

求，也是人际沟通的重要原则。

（一）分清对象

说话要因人而异，做好角色定位。子曰："可与言而不与之言，失人；不可与言而与之言，失言。知者不失人，亦不失言。"[①] 孔子认为，应该跟某人说的话，却没有跟他说，就是做错人；不该跟某人说的话，却跟他说了，就是说错话。孔子提醒我们要看清对象再说话。

《论语·先进》里记载了这样一个故事。

子路问："闻斯行诸？"子曰："有父兄在，如之何其闻斯行之？"

冉有问："闻斯行诸？"子曰："闻斯行之。"

公西华曰："由也问闻斯行诸，子曰'有父兄在'；求也问闻斯行诸，子曰'闻斯行之'。赤也惑，敢问。"子曰："求也退，故进之；由也兼人，故退之。"[②]

孔子认为冉有个性谦退，遇事往往畏缩，因此孔子要他在听到一件该做的事后立刻去做。子路勇于作为，做事有时不免轻率，所以孔子要他在听到一件该做的事时最好向父兄请教后才去做。同样的问题，孔子给出的意见却相反，就是因为孔子认为两个学生的品性不同，说话要因人而异，可谓因材施教。

"见什么人说什么话，到什么山唱什么歌""酒逢知己千杯少，话不投机半句多"，这些俗话讲的都是沟通要分对象，有针对性地说话。领导、同事、师生、亲友、客户，不同的沟通对象，说话的语气、内容也应不同。即使是同一个圈子里的人，也有远近亲疏之分。"我不问你不说，这是距离；我问了你不说，这是隔阂；我问了你说了，这是信任；我不问，你说了，这是信赖"。客套话、真心话、玩笑话、批评话、亲昵话等，都得分清对象。

① 《论语》，杨伯峻、杨逢彬注译，岳麓书社 2018 年版，第 195 页。
② 《论语》，杨伯峻、杨逢彬注译，岳麓书社 2018 年版，第 139—140 页。

（二）把握时机

子曰："侍于君子有三愆：言未及之而言谓之躁，言及之而不言谓之隐，未见颜色而言谓之瞽。"[①] 意思是说侍奉君子容易有三种过失：没有轮到他发言而发言，叫作急躁；应该说话的时候却不说，叫做隐瞒；不看对方的脸色而贸然说话，叫做盲目。这些都是强调说话时机（场合）的重要。逢喜庆场景，多说吉利之辞；对失意之人，不谈得意之事。察言观色、择机而言，容易成功沟通。

有些时候，为了避免无谓的争论或恶化矛盾，暂时保持沉默也是一种可行的策略。"有时解释是不必要的——敌人不信你的解释，朋友无须你的解释"，讲的也是这个意思。如果对方情绪激动说话偏激，不一定要与之针锋相对争到底，不妨缓一缓、拖一拖，等对方冷静下来再沟通，往往效果更好。

还有些事需要主动说、提前说。比如和关系密切的人发生误会、矛盾，应主动沟通、化解，以免积怨加深。对领导、师长交办的事，应及时主动报告进展、结果，万一不能按要求做好，也应及时报告，万不可等到最后关头才说做不了，使得对方难以应对。刘邦带兵初入咸阳"约法三章"，《三国演义》第四十五回周瑜在酒宴开始前下令"今日宴饮，但叙朋友交情；如有提起曹操与东吴军旅之事者，即斩之"[②]，都属于有言在先，取得了很好的效果。

四、分寸适度原则

分寸感是极为稀缺的品质和能力。中华文化强调"中庸"，也即恰到好处。子曰："过犹不及。"意即过头和不够一样，都是不合适的。语言的表达也遵循此理。过于直露，会显得粗野甚至冒犯；文采太过，又会陷入虚浮和矫情。拿捏适度，方能让人感觉自然淳实，犹如暮春的微风。而要达到这样的境界，表达者

① 《论语》，杨伯峻、杨逢彬注译，岳麓书社 2018 年版，第 209 页。
② 〔明〕罗贯中：《三国演义》，商务印书馆 2016 年版，第 267 页。

当有一颗敏锐、细腻的心，以及较好的语言审美感觉力。除了这种语势上的分寸感，语量上的分寸感也十分重要。一是要懂得真话不是都要说出来，二是要懂得说话须留有余地。

父与子的战争

（一）说真话不等于真话都要说出来

诚实是一种可贵的品质，但内心真实的感受不一定都适合说出来。

主持人马丁在他《父与子的战争》的演讲中谈到这么一件事。有一年春节，母亲做了一桌子的菜。父亲夹了一块红烧肉放进嘴里，说："怎么这么咸哪？"马丁觉得这很破坏气氛，加上一直不喜欢爸爸的脾气，便回嘴道："不咸啊，一点也不咸。"父亲很生气，认为儿子不守原则、不讲道理、不实事求是，逼着马丁把红烧肉全给吃了。父亲说出了红烧肉很咸的实际情况，这是真话；但这句话对忙碌了一天、做了一桌子菜的母亲而言，却是一种伤害。马丁懂得，家庭不是法庭，不能只讲道理和原则，亲人之间应该多讲情、少讲理。和家人在一起吃饭，就是世上最好的美味。

所以，话出口前，不妨先过三关：是真话吗？有必要说吗？会伤人吗？如果能把握好这三点，特别是最后一点，就有助于避免不必要的麻烦，增进人与人之间的理解、包容和温暖。

（二）说话要留有余地，避免绝对化

"众所周知""大家都知道""当然""一定""全部""从不"，这类绝对化的词语要慎用。"也许""可能""大多""大概""一般而言"……这类词语表达的含义就留有余地了。

对别人的要求、请求，特别是比较麻烦或超越权限的请托，不宜随口答应，答应了也不要把话说死，否则万一没办法兑现，于己于人都不好。

（本节主撰：宋初健、余义兵）

第二节　说服的艺术

说服的艺术

说服是指使对方的态度、行为朝特定方向改变，最终使对方

服从的沟通行为。

说服往往需要克服对方脑袋里预设的立场，因此难度非常大。韩非子在他的名篇《说难第十二》一文中就写道：

凡说之难，非吾知之有以说之之难也；又非吾辩之能明吾意之难也；又非吾敢横失而能尽之难也。凡说之难，在知所说之心，可以吾说当之。[①]

遗憾的是，即使韩非子本人写了《说难》，也终究没能逃脱游说的祸害，死于秦国。

那么，说服有基本的技巧和策略可循吗？

一、坚持态度诚恳

要说服，首先要释放善意，让对方觉得你是在为他的利益考虑，抛弃戒备和防御，建立起对你的信任感。

战国时触龙说服赵太后送长安君为质，就是从拉家常、套近乎开始的。赵太后一开始态度明确——有谁再说要叫长安君去做人质的，我老太婆一定要吐他个满脸唾沫！她对所有劝说者都怀有敌意，建立了心理防线。如果触龙开门见山讲利弊，赵太后势必听不进去。所以触龙摆出诚恳的姿态，先从外围入手，和她交流一下双方的身体和吃饭情况，来打消她的怒火。接着他为自己的儿子提了一个小请求——这一步看似闲笔，却起了两个重要作用：首先，让赵太后放下防御之心，觉得他不是来劝自己的；其次，他和赵太后之间建立起了同理心，因为他们都是爱小儿子的人，能够相互理解。铺垫至此，触龙才开始论证让长安君为国家立功更符合他的长远利益，从而成功地说服了赵太后。

一般来说，在说服别人之前，保持诚恳、恭敬的态度，还是相对容易的；但若劝说无效，还能继续尊敬对方、不卑不亢就难了。《史记·项羽本纪》记载，项羽鸿门宴后，声势正猛，烧毁秦的宫室，掠夺财宝、妇女运往东方。有位说客想劝说项羽建都咸阳，因为咸阳地理位置适中，方便统御全国。但项羽说，富贵

① 《韩非子》，王先慎集解，姜俊俊校点，上海古籍出版社2015年版，第101页。

不回故乡，就好像穿了漂亮衣服在黑夜里走路，岂不白瞎了工夫吗？所以，坚持东行。说客没能说服项羽，觉得失了面子，便跟朋友嘲讽楚人“沐猴而冠”。项羽听闻非常生气，于是命人将说客煮了。

可见，如果缺乏对被劝说者的尊敬之心，不仅影响劝说效果，难以达到沟通的目的，还可能会影响自己的前途或命运。

二、学会换位思考

在说服的过程中，需牢牢把握住对方的利益点，不能仅从自己的利益考量出发。比如，你最近工作量太大，忙得喘不过气来，你要如何向老板反映呢？你能直接说，“老板，我太累了，减点工作量吧”吗？当然不行。老板可能会想：你是能力不够、效率不高，还是想偷懒？站在老板的立场，他首先关心的不是你是否真的辛苦，而是工作能否按时保质地完成。如果换成如下表述，会不会更好呢？

老板，如果按照现在的分工，整个部门的项目进度可能会受到影响。您看，能不能排一下优先级，去掉低优先级的项目，或者增加人手？

这样的表达，是从工作目标出发的表达，是更佳的职场沟通姿态。

三、拥有故事思维

通过故事，我们可以更生动、灵活、有趣地传递自己的想法和意见，让对方更容易接受我们的观点和主张。

白起是战国时秦名将。他率领秦军破韩国、魏国，打败魏将师武，在北方夺取了赵国的蔺和离石，后又准备攻打梁国，并由此对周王朝构成威胁。苏厉派人去游说白起不出征时，讲述了楚国养由基射箭的故事。当时，左右围观的数千人都称赞养由基百发百中，有人却说自己可以教养由基射箭了。养由基听后很不服气，也很生气，问对方要如何教他射箭。那人说，他并非能够教授箭术，而是明白，如果不趁着射得最好的时候停下来，一会儿力气减弱疲惫了，弓拉歪了，箭杆弯曲，只需一发射不中，便前功尽弃。这番游说，成功地切中了白起的要害，使其选择了激流勇退，称病不出。

除了直接使用故事进行说服外，我们还可以在故事要素层面理解如何说服。美国作家杰里·克里弗指出，故事都包括了冲突、行动、结局三大基本要素。因此，在说服中，我们可以先说当前的问题焦点（冲突），让对方意识到问题的严重性，然后提出自己的建议（行动），最后预测效果（结局）。如果不能让对方意识到问题的严重性，了解你规划的行动，又难以预判效果，说服效果就会大打折扣。

四、强化数据意识

比起抽象的形容词，具体的数据会让表达更为精准，也更具专业性。但是，数据本身并没有意义，要让数据帮助表达、实现说服，必须做到两点。首先，正确地筛选数据。过多的数据会让对方难以记忆和理解，所以，在说服中，我们只需留下最有价值和最有力的关键数据。一般而言，代表结果的数据往往更为重要。

在 2010 年的苹果发布会上，乔布斯在比较手机浏览器的使用情况时说，使用 iPhone 浏览器的占全美总数的 58.2%，是第二名的两倍半还多，而第二名谷歌 Android，只有 22.7%。[①] 乔布斯给出的这组数据立即就将 iPhone 的高市场占有率讲清楚了。

其次，清晰地解释数据。你才是数据意义的缔造者。

在 2020 年 11 月 16 日外交部例行记者会上，有记者问：加拿大常驻联合国代表李博称中国在新疆的做法毫无疑问符合灭绝种族公约对种族灭绝的定义。中方对此有何评论？中方是否会允许独立调查人员进入新疆针对上述指控进行调查？赵立坚对此快速回击：

谢谢你的问题。我也想问你一个问题，你知道加拿大的人口增长率是多少吗？（记者：不知道。）我来之前查了有关的数

① http://tech.sina.com.cn/t/2010-06-08/14214286067.shtml。

字。2019 年加拿大人口增长率是 1.42%，而且绝大多数增长的人口来自外来移民。我可以给你几个数字，2010 年至 2018 年，新疆维吾尔族人口从 1017 万上升至 1272 万，增加 255 万，增幅为 25%，大约是全疆人口增幅 14% 的两倍，也明显高于汉族人口的增幅 2%，达汉族人口增幅的 12.5 倍，更是加拿大人口增幅的约 18 倍。我想试问这位加拿大大使，如果他非要找出谁最符合种族灭绝的定义，恐怕受迫害的不是维吾尔族，而是加拿大人民吧？从我刚才列举的数字和我反问你的问题，大家可以看出，这位大使的话是多么荒谬可笑。我也建议这位大使，在刷存在感的同时，是不是事先要做好家庭作业，以免贻笑大方。①

赵立坚通过数据建构了意义，有效地回击了记者不怀好意的荒谬提问，向世界展现了真实的新疆维吾尔族人口现状，达到了反驳和说服的双重效果。

总之，态度诚恳，懂得换位思考，善用故事和数据，我们就离说服又近了一步。

（本节主撰：陈县英、聂　鹏）

第三节　幽默的艺术

幽默的艺术

大家都喜欢言谈风趣幽默的人。对于什么是幽默，《辞海》这样解释："英语 humour 的音译。言语或举动生动有趣而含义较深。"② 我们这里所说的幽默，仅指言语幽默，是使用艺术化的语言，通过生活逻辑的反转，来达到引人发笑的效果。

幽默和滑稽、讽刺等词意义相近。滑稽是在嘲笑、插科打诨中揭露事物的自相矛盾之处，以达到批评或讽刺的目的。讽刺则是用比喻、夸张的手法对不良或愚蠢行为进行揭露、批评或嘲

① 《加拿大外交官发表涉疆谬论　赵立坚：刷存在感是不是要先做好家庭作业？》，外交部发言人办公室微信公众号（ID：xws4_fmprc）2020-11-17。
② 上海辞书出版社编：《辞海 词语分册》上，上海辞书出版社 1985 年版，第 814 页。

笑。幽默与两者既有区别，又有联系。幽默也让人大笑，手法也大多是夸张、双关、隐喻等，但它的出发点是善意的。所以列宁说，“幽默是一种优美，健康的品质”①。

幽默，是语言进化的产物。原始人生活简单，语言交流的内容主要是农耕渔猎，语言也呈现出简单、明了、直接的特征。随着社会的发展，人们生活方式复杂化，人际关系也变得微妙，尤其是商业和外交场合，言语稍有不慎就会带来麻烦，所以人们言语开始走向隐晦、委婉、曲折，不便直言其事的时候，使用双关、暗示、比喻等语言技巧旁敲侧击，幽默就是在这种语言背景下出现和进化而来。

幽默也符合人们心理需要。有时候幽默来自压抑的释放。幽默以社会许可的方式表达被压抑的思想，释放被压抑的自我和感情能量。幽默的一种常用手法是自嘲，比如遭遇失败，朋友正在安慰你时，你说“别担心！我在哪里跌倒，就在哪里躺下睡一觉”。这种幽默会让说的人和听的人都会心一笑，因为你不需要调动能量维护自己的面子和自尊，勉强自己压抑沮丧之心，自我的自由释放恰恰使你和朋友心中的焦虑解除，从而缓解紧张尴尬气氛。

幽默效果的产生依赖于期待的落空。当别人说前一句话时，根据隐含在内的逻辑，听话的人会对他的后续言语或结果产生某种预估和期待，当这种期待和实际的后续话语发生反转，一直聚焦的能量被瞬间释放，就产生了幽默效果。反转落差越大，幽默效果自然越强。这个从期待到期待落空的突然转换过程，也即心理学所说的乖讹—消解。

总而言之，幽默是一种绝妙的防御机制。它使人摆脱尴尬，缓解焦虑，消除烦恼，放松心情，培养默契，有时还能化干戈为玉帛，建立更友善的社交关系。

---

① ［俄］高尔基：《论列宁》，转引自禹颜：《论幽默》，《中州大学学报》1992年第4期，第32页。

人的幽默感是天生的吗？的确有的人是天性幽默，不过后天的语言逻辑训练也能在一定程度上培养幽默感。

一、幽默话语形成的三大步骤

首先是确定话语中的核心词。按照说话人的逻辑，他说的前一句话应该有一个核心词，这个核心词具有指向性，能够使人产生心理预期。核心词有时候是一个，也有时候有两个，有两个核心词的对话幽默性更强。

其次是对核心词作逻辑处理，或游移、或联想、或反转。

最后，让处理后的新内容“融合”进当前的话题或情境，并表达出来，产生幽默效果。

三大步骤中，第二步核心词的逻辑处理是实现幽默的关键。

二、处理核心词的三种手段

（一）核心词游移

所谓核心词游移是指将原本期待的核心词更换为句子中的另一个词，从而产生期待落空。比如警察抓了一个做假币的，在班房里面记者采访他。

记者：你为什么做假币？

制假者：因为我做不了真币。

在“你为什么做假币？”这个问句中，核心词是“为什么”。询问者的目的是要得到一个原因。但在回答中，核心词“为什么”被转移成了“假币”，和“真币”对立。由此就得到了幽默的回答——“因为我做不了真币”。

（二）核心词联想

词语具有多意性，能够引发多种联想。幽默言语的关键，常常就在于围绕核心词作各种延伸性联想。联想的路径可以朝着上级或下级两个维度展开。比如从香蕉联想至水果，香蕉是水果的组成部分，和水果存在图式关系。当某种图式是另一种图式的某个特征、条件或组成部分时，另一种图式就是当前图式的上级。反之，水果图式包含苹果、香蕉、橘、梨等下级图式。来看以下案例：

那天，我问：我们的风花雪月，海誓山盟算什么？

他说：算成语吧。

问话中的“风花雪月，海誓山盟”指代的显然是他们一起度过的那些甜蜜日子，指向对感情的承诺。问话者词语的逻辑路径是从上级图式“甜蜜感情的日子”转至下级图式“海誓山盟”行为，这个逻辑也是一般人期待的方向。同时这两个词还有另一个共同特性——四字成语。回答者词语的逻辑路径是从下级图式“海誓山盟”转至上级图式“成语”。回答者的幽默就拆解为词语语域的联想转换。

再看下面这个例子：

骑车回家，过马路时，我发现路灯的绿灯已经开始闪烁了，就冲着骑在稍微靠前一点的他喊了声：“咱俩还过不过了？！”谁知他扭脸儿说：“凑合着过吧，还想离咋地？”

“过”是个多义词，可以表示“经过某个地方”，也可以表示“生活，过活”。女的用的是前一个意思，而男的联想转换成后一个意思，语域悄悄发生转换，出乎人们意料，自然觉得幽默。

在一档娱乐节目中，大概因为热，李健把外套脱掉了。

庾澄庆：李健老师，转身就转身，脱什么衣服。

李健：因为我在提醒你，我也是热血青年。

在大家的预想中，“脱衣服”的语意指向是“热”，语域是“温度”。李健的回答，是把“热”转化为“热血”，再拓展为“热血青年”，语域成功转换成“精神”，这段幽默对话也是利用意象图式来实现语域转换，达到幽默效果。

（三）核心词反转

所谓核心词反转是指把核心词的含义反转成它的对立面，再加以延伸。我们来分析黄渤和记者的一段幽默对话，背景是他当时准备参加黄晓明的婚礼。

记者：你打算给黄晓明送什么礼物啊？

黄渤：这个不好想，人家什么都有了，送一句暖心的话就可以了。

记者:没有红包啊?

黄渤:红包? 我不知道他当天会不会发。

谈到庆贺结婚"红包",我们直接反应是客人"送"给主人,这里黄渤只是简单把"送"反转成"发",就变成主人"发"红包给客人,因为和常识相悖,产生期待落空,就变得幽默起来。

核心词处理的三种手段——游移、联想、反转,常常是综合起来使用。比如下面这个案例:

女孩:亲爱的,如果我们结了婚,你会戒烟么?

男孩:嗯……会。

女孩:那酒呢?

男孩:嗯……也会。

女孩:打牌什么的呢?

男孩:哎……好吧! 也会。

女孩:亲爱的,你太好了,你还有什么自己想要放弃的么?

男孩:结婚。

这段幽默对话,使用了联想和反转两种手段。女孩的逻辑是:希望男孩为了婚姻而改变,戒烟、戒酒、不打牌。她的图式路径是向上联想,语域是婚姻的代价,隐含的关键词是"心甘情愿结婚"。男孩的幽默逻辑是把隐含的关键词反转为"不结婚",从而使期待落空,产生幽默效果。

复杂一点的幽默是把以上手段多层使用。比如下面这个案例:

老婆:老公,街上要是有人跟我搭讪,叫我美女,我该怎么办?

老公:那还用问? 赶紧扶他过马路呀!

妻子使用的词"美女",表达核心是"我很美",期待她的丈夫承认她的美,紧张她、关心她。幽默的丈夫首先把核心词"美女"反转成"不美",把不美看成美女的行为使他联想到"眼瞎"。但是如果直接说"他眼瞎啦! "只是有点风趣,幽默感还不那么强,所以丈夫展开了第二层图式联想:从"眼瞎"和"街上"联想至盲人过马路，最后转换至“扶他过马路”。幽默手段的多层使用，使结果和预期之间的落差增大，幽默效果倍增。

需要强调的是，虽然大家都喜欢幽默，但言语中的幽默需要拿捏准确分寸。幽默也需要在适合的情境中产生，情境不对，就不是幽默而是冷嘲热讽了。

（本节主撰：陈县英）

第四节 倾听的艺术

倾听的艺术

人的表达欲高于倾听欲。能够倾听的人是懂得尊重他人的人，也是高情商的人。善于倾听的人往往是学养深厚、善于洞察人性的人。

一、倾听的意义

（一）倾听可以帮助改善人际关系

人与人之间的很多误会，往往是由于信息不对称或偏差带来的。倾听，有助于我们获得不知或遗漏的信息，修正错误的信息，更真实、全面地了解对方，消除误会。如果拒绝给对方说和解释的机会，又或者在对方说的时候，自己内心总有一个声音说“我不听，我不听”，或明显表现出不耐烦、目光游移等的状况，不仅无法消除误会，还可能会带来矛盾的进一步加深。因为，上述信号都在传达一个信息——“你不尊重他”。而被尊重感，是沟通中非常重要的一种感知，是良好人际关系建立的基础。

（二）倾听可以帮助提高沟通效率

倾听的过程也是理清思路的过程。在倾听中，我们可以获知和确认对方对问题的了解、分析、态度和建议。带着这些信息，我们能进一步捋清和确定交流的重点，调整和优化沟通的策略及方式。否则，如果双方都只说不听，就难免陷入自说自话的境地。很多失败的沟通、低效的沟通都是由于片面地关注了自己要说什么，而没有仔细分析对方说了什么，以及为什么要这么说。

二、影响倾听的因素

哪些因素会影响我们的倾听呢？了解这个问题，有助消除那些妨碍我们去认真倾听、有效倾听的因素。

（一）固执己见

由于固执己见，倾听者会或有意或无意地过滤那些和自己意见相反的声音，放大那些和自己意见一致的声音。从某种程度上说，固执己见的人往往是自信心不足的人、害怕失败的人。但固执己见的结果，却很可能带来失败和自信心的进一步受挫。

（二）好为人师

在沟通中，有些人认为自己在身份上、智识上、阅历上，高于或多于对方，和对方比起来存在显著的资源优势、智力优势和经验优势，因此对他人意见不屑一顾，甚至批评对方班门弄斧。然而，好为人师的结果很可能给对方留下不谦和、傲慢的印象。如此多次，你可能就难以听到逆耳忠言了。

（三）揣测动机

好话未必是真话，真话又未必能好听。当他人提出对自己的批评时，有些人很容易立即启动这样的“心理保护机制”——“他为什么要批评我？肯定是看我不顺眼，故意要挑我的刺”。如果我们习惯于把太多的精力放在分析批评的动机上，而不是批评本身有没有道理上，就会错过改正的机会。

（四）注意力弱

还有些人并不是不知道倾听的重要性，只是集中不了自己的注意力。对方在说的时候，心里不自觉地想到昨晚打的游戏或马上要去参加的聚会。虽然看上去在听，但实际上是“身在曹营心在汉”。这样的倾听只是徒有其表的倾听。

三、倾听的方法

在明确了倾听的意义和影响倾听的因素后，我们来看看如何有效提升倾听的效果。

（一）搁置判断

当我们带着先入为主的观点，或者当我们听到与自己的主观意愿不符的观点出现时，很容易下意识地屏蔽对方的信息。你需要明白：如果你确定自己无误，便不用害怕去听；如果你不能确定自己是否正确，就更应该听听别人的看法。因此，搁置判断，借由他人意见再次审视问题，有助于你重新梳理观点，及时修改错误。

（二）保持谦虚

一方面，我们要懂得"闻道有先后，术业有专攻"，要尊重长辈建议，重视权威意见，因为他们的经验和知识比我们丰富，能够帮助我们不走弯路、少走弯路。另一方面，我们也要意识到这是一个"后喻文化时代"，是一个前辈需要反身向后辈学习的时代。长辈的很多意见和办法在今天可能已经不能发挥以往的效力了。年长者也需要听听更年轻人的判断和分析。俯身向幼者学习这并不丢人，很多时候，还更能彰显长者、位高者、权重者的格局和魅力。

（三）忽略动机

批评或许会难以避免地伤害我们的自尊心，但是我们要明确自己的目标到底是什么。一切有助于目标达成的声音，哪怕它再刺耳也必须要听。令人羞愧的不是"我错了"，而是你知道自己错了，却背转身去说"这些人真坏"。所以，不要问批评的动机是什么，要问批评是否正确，哪些是有道理的。围绕目标去筛选有价值的信息，才能获得更多的成长机会。

（四）集中注意

注意力集中才能有效倾听，否则倾听就成了表演——看上去很认真，其实根本没往心里去。注意力管控能力较为薄弱的人，尤其要掌握集中注意的办法。

1. 边听边记

边听边记有助于刺激大脑，形成反馈机制。这个"记"，既可以是拿出纸笔的记，也可以是默记。具体采用哪种办法，取决于当时的沟通环境、问题和对象。比如，如果是在办公室对谈，说的问题又比较重要，拿出纸笔记录就更能传递“我对你和你提的问题很重视”“你的意见对我很宝贵”等的讯号，有助于收获对方的好感。在某些场景下，如果没有纸笔，你也可以这样征询对方意见：“您的建议非常宝贵，能否允许我用手机备忘录记录一下？”

2. 适时回应

有效的倾听不是只听不说，点头、颔首、竖大拇指这些动作都是在说“你说的有道理”“我很认同”“确实如此”“懂了”。你也可以加入有声语言“没错”“是这样”，等等。还可以顺势提出一两个自己关注的问题，向对方展现你在积极同步思考，你的参与性很高。而且，适时回应也有助于双方集中到问题的关键，提高沟通效率。

总之，倾听，要放下“固执心”“求胜心”“玻璃心”，要提起“求知心”“谦卑心”“自信心”，要一心一意、专心致志，只有这样，我们才能在倾听的过程中收获到智慧和良好的人际关系。

（本节主撰：黄海燕）

第五节　非语言沟通

非语言沟通

“手舞足蹈”“眉目传情”“笑逐颜开”“摩拳擦掌”……当我们看到这些词语时，是不是觉得它们很形象，在传达情意方面有一种“此时无声胜有声”的效果？上述种种表达都属于非语言沟通。

一、什么是非语言沟通

非语言沟通又叫“非语言交流”“非语言传播”“非言语传播”等。非语言沟通的概念有广义与狭义之分。广义的非语言沟通是指除口头语言、书面语言以外的一切信息传播行为和方式。比如，宋昭勋在其《非言语传播学》（新版）中列出了12种各派学者关于非言语传播的定义，并给出了自己的说法：“非言语传播是指赋予除言语行为(说话和书写)之外的一切社会行为及其语境因素以意义的过程。”[1] 该书第13页从人际传播和大众传播两大角度对非言语传播分别做了细分。

美国学者约瑟夫·A. 德维托的《人际传播教程》(第十二版)从人际传播的角度列出了非语言传播的9种渠道:(1)体态交流;(2)表情交流;(3)眼神交流;(4)身体接触;(5)辅助语言;(6)沉默;(7)空间信息和领地;(8)饰物信息;(9)时间信息。[2] 这种分类偏向于狭义的解释。

看了以上学者有点抽象的论述,我们再来通过两个古代故事来形象地感悟一下什么是非语言沟通。《吕氏春秋·卷十八》记载,齐桓公上朝时与管仲谋划准备攻打卫国。退朝以后进入内室,卫姬望见君主,下堂拜了两拜,为卫国君主请罪。桓公说:“我不会对卫国发动战争,你为什么要请罪呢?”卫姬回答说:“我望见您进来的时候,迈着大步,怒气冲冲,有攻打别国的意思。见到我就变了脸色,这表明是要攻打卫国啊。”第二天齐桓公上朝,向管仲作揖请他进来。管仲说:“您不打算攻打卫国了吧?”桓公说:“仲父您怎么知道的?”管仲说:“您升朝时作揖很恭敬,见到我面有愧色,我因此就知道了。”齐桓公虽然不说话,但他的想法就像黑夜点燃烛火一样明显。

还有一个就是著名的“空城计”故事。诸葛亮城里只有几千人马防守,面对司马懿十几万大军围城,按常理必败无疑。然而诸葛亮通过一番布置、装扮,传递出重兵埋伏的信息(假象),不出一兵、不费一言就吓退了敌军。

这两个故事可视作非语言沟通的典型案例。那我们如何通过表情、眼神、动作、体态等身体语言进行有效沟通呢?不妨先对身体语言的秘密稍做了解。

---

① 宋昭勋:《非言语传播学》(新版),复旦大学出版社2008年版,第8—9页。

② [美]约瑟夫·A. 德维托:《人际传播教程》(第十二版),余瑞祥等译,中国人民大学出版社2011年版,第150页。

二、身体语言的秘密

身体语言又叫肢体语言、态势语言，是以人的面部表情、肢体动作和体态等传递信息、交流感情的无声语言，是常见的非语言沟通方式。美国学者朱利·法思特在《人体语言》一书中指出："一个懂得人体语言并善于应用人体语言的人，如果能将他所了解的姿势同周围人的感情联系起来，他将永远比对方胜过一筹，处于主动地位。"[①]

（一）面部表情

面部表情，是指主要通过脸、嘴和眉目所表达出来的感情。人们的喜怒哀乐都可以通过面部表现出来，仅就眉毛而言，挤眉表示戏谑，横眉表示鄙视，竖眉表示愤怒，低眉表示顺从，皱眉表示不愉快或疑惑，还有愁眉苦脸、扬眉吐气等，可以传达出丰富的情意。有学者提出，表情交流至少可以表达以下八种情况：高兴、惊讶、害怕、生气、悲伤、恶心、轻视、感兴趣。[②]这就涉及表情的管理问题，包括强化、弱化、假装等。一般沟通场景中，应该表情平和，经常面带微笑，不要轻易展示哭脸、冷脸、怒脸、媚脸。

与人沟通时，表情应与言语传达的意义一致，否则会让人觉得不真诚、不可靠，口是心非、言不由衷。比如，一个人带着冰冷的面孔对别人说"谢谢"，那可能纯属客套，说不定他还暗怀不满，是故意反话正说。

有的人善于掩饰自己的表情，甚至能做到不露声色、面无表情。《晋书》中记载了淝水之战中谢安弈棋的故事。当时，谢玄等人已大败苻坚，捷报送到谢安手里，谢安正与客人下围棋，看罢信便丢在床上，一点都没有高兴的样子，照旧下棋。客人询问，才慢慢答道："晚辈（侄儿谢玄）已打败敌寇。"用今天

---

① ［美］朱利·法思特：《人体语言》，陈钰鹏编译，上海文化出版社1988年版，第67页。

② 参见［美］约瑟夫·A. 德维托：《人际传播教程》（第十二版），余瑞祥等译，中国人民大学出版社2011年版，第153页。

的话来讲，谢安真是太会装了！

（二）眼神（视线）

“眼睛是心灵的窗户。”孟子曰：“存乎人者，莫良于眸子。眸子不能掩其恶。胸中正，则眸子瞭焉；胸中不正，则眸子眊焉。听其言也，观其眸子，人焉廋哉？”[①] 意思是：观察一个人，再没有比观察他的眼睛更好的了。眼睛不能掩盖一个人的丑恶。心中光明正大，眼睛就明亮看得远；心中不光明正大，眼睛就昏暗不明，躲躲闪闪。所以，听一个人说话的时候，注意观察他的眼睛，他怎么能隐藏住内心呢？沟通者必须掌握眼神的运用，善于从眼神中领会情意。

眼神（视线）的运用，常见有以下四种方法：

1. 前视法

前视法指眼睛看向前方。比如公开演讲时，视线的落点放在全场中间部分听众的脸上，在此基础上适当变换视线，照顾到全场听众。

2. 环视法

环视法又叫扫视法，就是视线前后左右来回扫动，环视全场。环视法可以作为前视法的辅助、补充，增强控场效果。但环视法不宜多用，否则容易给人摇头晃脑的感觉。

前视法和环视法，通常适用于会场、课堂等人较多的场合。

3. 点视法

点视法就是盯着某一点看，这个点可以是某个地方、某个事物，但大多数时候是某个人。点视法是聚焦、关注，既可以表示亲切、赞赏，也可以表示批评、警告。问候、感谢某人时，应看一眼对方。比如，当我们说“谢谢你”时，眼睛应直视对方，否则易给对方留下不诚恳的感觉。

4. 虚视法

虚视就是似看未看，特别是面对很多观众时，无论扫视、环

① 《孟子》，杨伯峻、杨逢彬注释，岳麓书社2000年版，第128页。

视、点视，说话人都不可能持续同时看着全场人，通常是虚视。运用虚视法应该做到“目中无人，心中有数”，虽然是空泛地看着听众，但还是能够适当进行视线的转移、眼神的交流，并且把握好说话内容。

在沟通过程中，要经常注视对方，进行眼神交流，同时配合其他动作，比如面带微笑，点头摇头等，可以更好地表情达意。如果交谈时一方的眼神总是看着别处，回避直视，可能是他对交谈的对象或内容不感兴趣；也可能是心虚，比如没达到对方的要求、做了对不起对方的事等；还可能是害羞。如果我们不想给人留下那种印象，就要避免那样的视线。

（三）手势

手势，是指运用手部（含手臂）的动作，表达思想感情的一种肢体语言。有学者认为，手势起源于远古时期，甚至早于有声语言的产生。美国心理学家詹姆斯认为，在身体的各部分中，手的表达能力仅次于脸。法国艺术家罗丹说：“艺术就是感情。如果没有体积、比例、色彩的学问，没有灵敏的手，最强烈的感情也是瘫痪的。”① 在沟通中恰当地运用手势，对于加强口语的语势，补充口语的不足，塑造体态形象，增强沟通的说服力和感染力都有着重要的作用。

1. 手势的常见类型

(1) 拇指式：竖起大拇指，其余四指弯曲。表示强大、肯定、赞美、第一等含义。

(2) 食指式：食指伸出，其余四指弯曲并拢。用来指称人物、事物、方向，或者表示观点（肯定）。一般认为，直接用手指（食指）指向别人是不友好的表现，确实需要指点某人时，可以伸出整个手臂，掌心向上指向对方。

(3) 仰手式：掌心向上，拇指自然张开，其余手指并拢略弯，

① ［法］罗丹口述：《罗丹艺术论》，葛塞尔记，沈琪译，人民美术出版社 1978 年版，第 3 页。

这一手势的含义比较丰富。手抬高过肩膀表示赞美、欢欣、希望；手平放多表示乞求；手放低表示无奈、坦诚。

(4)俯手式：掌心向下，其余状态同仰手式。用于提醒、控场，还可表示反对、否定之意；有时表示安慰、许可之意，比如轻拍别人的头。

(5)手切式：五指并拢，手掌挺直，像刀斧用力劈下，又叫砍柴式、剁骨头式。多表示果断、坚决、排除之意。

(6)手啄式：五指并拢内弯，拇指指尖与其他指尖相触，指尖斜向上。多用于强调，也表示探讨之意。

(7)手抓式：手掌打开，五指稍弯，分开。多用于吸引听众，控制场面。

(8)合手式：合手式的动作有多种表现形式，有的是两手手指交叉或叠加合拢但与身体保持距离，有的是两手搭在一起贴于胸腹部，有的是一只手握住另一只手贴在身上，有的是双手抱胸……合手式的动作，多传达紧张、焦虑的情绪，有时也表现端庄或拘谨。“双手抱胸”多为防御、拒绝、怀疑的潜意识动作。两手握抱小的物品，比如有的同学面试时双手紧握简历，有的男生等待约会时双手紧握送给女友的礼物，其实是双手抱胸的变形动作，多是紧张、不自信的心理表现。

2. 手势的活动区域

手势的活动范围，通常分上、中、下三个区域。手势在肩部以上活动，称为上区。手势在肩部至腰部之间活动，称为中区。手势在腰部以下活动，称为下区。手势在不同区域活动，表达的情意也有所不同。

(1)上区：一般表示理想的、宏大的、张扬的内容和情感。如表示希望、胜利、喜悦、祝愿、展望等。心情比较激动时，常用这类手势。

(2)中区：一般用于叙事说理，对应的情绪比较平静。中区手势是用得最多的手势，比如老师上课、开会发言、日常演讲，手势多在中区活动。

(3) 下区：手势在这一区活动，一般表示憎恶、不悦、鄙视的情意。

（四）体态

体态，指身体的姿态、动作，是就全身而言的。“站如松，坐如钟，卧如弓”说的就是体态。我们主要学习站姿和坐姿。

站姿的基本要求是直立，做到收腹挺胸，给人一种大方、有力的感觉，切忌弯腰驼背。脚部通常有三种站姿：平分式、稍息式、丁字步。平分式站姿两脚自然分开，两脚之间的距离一般与肩部同宽，看上去中规中矩。稍息式站姿一只脚自然站立，另一只脚向前迈出半步，显得自然、轻松，但庄重感差些。丁字步的两脚掌靠拢组成“丁”字型，看上去端庄、优雅，女性运用较多。演讲、讲课等活动中，发言者最好不要始终站着不动，否则自己站得吃力，而且容易给人拘谨、呆板的印象；听众看久了也可能产生视觉疲劳，甚至分散对说话内容的关注。如果能适当移动脚步，有助于克服上述缺点。

站着讲话时一般不宜撑桌子，如果要撑，应做好两点：一是要站挺拔，不能低头弯腰撑桌子；二是撑桌子的双手应打开，超出肩膀的宽度，这样才显得洒脱、大气。

在正式的交流场合，坐姿的基本要求是端正，挺直腰、抬起头、放下脚。腿可以叉开，也可以叠放，女性一般不要岔开腿坐。手可以扶着膝盖、搭在座椅扶手，或者放在桌面。坐时上身后仰，一般表示不赞成、没兴趣、想休息，也可能表示放松、傲慢，这种动作在交流场合要慎用。聆听上级或长辈讲话时，身体应该适当外出、前倾以示专注、尊重。如果认同其观点，可以经常点头、微笑作为反馈，容易给对方好印象。

三、身体语言的指导原则

（一）协调一致原则

身体语言一般是与言语活动同步进行的，应和口语、感情协调一致。比如，老师上课时说：“同学们，这节课我要带大家学习两个重要内容”，却伸出一个手指，这就不恰当了。动作和语言还有一个先后问题。我们来比较一下:A 领队右手曲臂握拳高举说:“我们一定要克服困难,夺取胜利!”B 领队说:“我们一定要克服困难,夺取胜利!”然后右手曲臂握拳高举。哪一种看起来更协调?应该是第一种。但是在实际的公开演讲中,有些演讲者不免会为动作而动作。话语已经结束了,想起来动作还没做,于是急匆匆加上。这样的身体语言只会给观众以滑稽之感。

身体语言还要和沟通场景、沟通对象协调一致。有的人沟通时习惯做一些小动作,比如摸鼻子、玩手指、挠头、抖腿,这些应尽量克制。同一动作,在不同地区、不同文化背景,可能会有不同乃至截然相反的理解,甚至引发冲突。对此应事先调查了解,避免误用。

有时候,说谎、伪装也会导致身体语言和思想情感不一致。身体语言一般是潜意识的自发行为,而伪装、说谎是有意为之,两者难免会出现不协调。就拿前文谢安来讲,收到淝水之战的捷报时,他正在下棋,故作镇定面无表情。“既罢,还内,过户限,心喜,甚不觉屐齿之折,其矫情镇物如此。”① 谢安下完棋回内室,抑制不住内心的激动,以至于过门槛时折断了鞋跟都没感觉到,“屐齿之折”还是暴露了他的真实情感。那么,怎么识破伪装、谎言呢?一个重要方法是和正常状态、真实情感下的身体语言做比较。我们不可能一夜之间成为身体语言的专家,这需要长期的学习观察和经验积累。

(二)塑造个性原则

如果说协调一致是运用身体语言的基本要求,塑造个性则是锦上添花了。“相由心生”,善于沟通的人,应该对自己的形象负责。身体语言是个性形象的重要表现。

个性是相对的,全世界几十亿人,不可能人人都像蒙娜丽莎那样“微微一笑很倾城”。我们可以把自己最美好、最得体的身

① 〔唐〕房玄龄等:《晋书》,曹文柱等标点,吉林人民出版社 1995 年版,第 1243 页。

体语言展现出来，塑造个性。比如，大家观察过自己怎么笑最可爱、最好看吗？是粲然一笑(露齿笑)？还是莞尔一笑(抿嘴笑)？拍照时，你习惯做什么动作？演讲时，你常用什么手势？怎么展示自己身体语言的魅力从而提升交流效果？这就需要因人而异了。

(本节主撰：宋初健)

思考与训练

1. 假设你参加工作三年了，工作踏实、业绩优秀，但薪资一直没涨。你会如何向老板提加薪呢？说说你的思路。

2. 如果有人问你："明天去钓鱼吧？"你要怎么回答才显得幽默呢？和你的同学讨论一下，选出一个最佳答案。

3. 比较《奇葩说》不同选手的辩论手势，说说他们各自的特点和表达效果。

推荐书目

(一) 初级阅读

1. 曾仕强、刘君政：《人际关系与沟通》，清华大学出版社 2016 年版。

2. 樊登：《可复制的沟通力：樊登的 10 堂表达课》，中信出版社 2020 年版。

3. 刘艳华：《沟通心理学》，天津科学技术出版社 2017 年版。

4. 李新：《幽默感：成为更受欢迎的人》，中信出版社 2020 年版。

5. [美]马歇尔·卢森堡：《非暴力沟通》，阮胤华译，华夏出版社 2018 年版。

6. [美]约瑟夫·A. 德维托：《深度沟通：快速掌握谈话》，吴晓静译，北京联合出版有限公司 2019 年版。

(二) 进阶阅读

1. [美]谢丽尔·桑德伯格、尼尔·斯科维尔：《向前一步：女性，工作及领导意志》，颜筝译，中信出版社 2013 年版。

2. [奥]阿尔弗雷德·阿德勒:《自卑与超越》,北京联合出版公司2016年版。

写作进程

第六站:结课作品汇报

要　　求:

对小组作品做公开展示和情况汇报,重点介绍作品的主要内容、创新之处,以及创作过程中的反思和修改等。为保证评分的客观公正性,须简要说明各小组成员在作品生产过程中的主要贡献。

温馨提示:

1. 可以采用PPT、视频、小剧场等多种形式来创意化展现作品。

2. 可以安排主讲人,但各小组成员都应承担一定量的汇报任务。

后记

2019年春天，“写作与沟通”教学团队首次聚在一起，讨论课程内容建设的时候，大家的想法并不统一：有的老师认为，大学通识写作应该重点教授应用文写作，因为这是学生进入职场后，接触得最广、最为实用的文体；有的老师认为，要坚持写作的超功利性，教学重点应放在想象力训练上，重视创意写作，保持写作的灵性，而这也是近年来高校写作教学的热点；有的老师认为，要强化非虚构写作的训练，因为非虚构写作隐藏着人人可以成为自我故事书写者的可能性，具有治愈心灵、健全人格的功能；还有的老师认为，应以说理写作为主，强化逻辑思维训练，为学生毕业论文的写作打下基础……

一时之间，似乎谁也不能说服谁。“博弈”的结果，以“拼盘课”告终。

所谓“拼盘课”，就是以文体为界对课程内容进行板块式切分，每个教学班都安排多位主讲老师，每位老师都只讲授自己最擅长文体的写作技法。

尽管老师们都很尽心、努力，但“拼盘课”潜藏的问题最终还是暴露了出来了。由于课时有限、文体多样，每个板块便都只得蜻蜓点水。完整的一轮讲解和训练下来，师生都很疲惫。学生往往还没有掌握好上一种文体的写作技巧，还没来得及对作品好好打磨，就得进入后一个文体的学习了。时间紧促，作业质量自然也就很难保证，个别学生甚至利用某些软件来生成作品。机器人写出的作品，并非剽窃，所以知网检测不出，老师们得依靠经验仔细甄别，才能完成“打假”。因此，改作业时，老师们对个别学生或多或少生出点“恨铁不成钢”的意思。

实践证明“拼盘课”难以为继。在多轮讨论后，课程团队初步形成了以下意见。

一是老师们各展所长，以关键词的形式列出自己最感兴趣、最有心得的知识点。比如主题、取材、结构、悬念、冲突、氛围、说服等，然后再由一位老师对这些知识点进行统一梳理，作出符合逻辑的组合排列。

二是将上述内容录制成慕课。学生根据自身情况，对照关键词查找自己最需要的技能技巧，通过线上自学，重点突破。这一方法有助于打破以往“千人一案”“数班同案”的教学常规，在尊重个体差异的基础上，优化学时分配。

三是将线下课分解为重难点串讲课、“一对一”面批课、讨论课和汇报课等。在对线上问题进行梳理后，老师们在线下课堂集中释惑。通过从确定选题、文献综述/材料搜集、拟定结构、初稿与磨稿到作品汇报的全流程管控，在尊重学生选题和文体选择自由的基础上，尽力避免剽窃和机器人代写。

“写作与沟通”慕课上线后，老师们又意识到，如果能对慕课内容做进一步的深化和完善，整理成立体化教材，对教学的帮助应该会更大。于是，大家按照教材建设的要求，再次整理手中的讲稿。

由衷感谢全体编者的辛苦工作和对我的信任。感恩大家有一点始终心意相通：写作既是朝向自我心灵的个体事业，也是朝向广阔社会的公共事业；它应该成为我们生活、生命的一部分，而不仅仅只是用在考试、毕业或职场上的技艺。

感谢我校校长邓辉教授欣然为本教材做序。感谢教务处处长廖国琼教授多次亲笔撰写课程建设和改进建议。感谢人文学院尹忠海院长、杨尚勇书记为整个课程建设付出的心血和提出的宝贵建议。感谢副主编陈文钢、吴辉、曾献飞老师在教材成稿过程中的无私付出。感谢叶健老师协助我们完成了大量的核对工作。感谢我们可爱的学生们，是你们让我们获得了为师的存在感、价值感和幸福感。感谢高等教育出版社吴凤贤老师为出版此书牵线搭桥，感谢高等教育出版社编辑罗京等老师认真、细致的审校。没有你们的付出，就没有这本《写作与沟通》。

同时，我也深知，特殊的成稿方式，给本教材留下了巨大的持续改进的空间，恳请同行和广大读者批评指正。此外，本书参考借鉴了诸多同行的观点，包括网络资料，倘引文注释有遗漏之处，请告知我们。大家的建议和批评会使本教材在再版时减少纰漏、“迭代升级”，更规范、更好地服务教学。

此刻，2021 年 5 月 4 日的午后，我在阳光斑驳的书案上敲击下这些文字。我想起 2019 年的那个春天，那个我们为课程内容应该是什么、课时应该如何安排而争论的春天。我嘴角上扬：你看，我们最终合力完成了这一切。

明日，立夏。

黄海燕

2021 年 5 月 4 日

教学支持服务说明

资源访问与防伪查询说明

使用微信扫描本书内的二维码，输入封底防伪二维码下的20位数字进行微信绑定后即可免费访问相关资源。（只需输入一次，绑定后不必再次输入。注意:微信绑定只可操作一次，为避免不必要的损失，请您刮开防伪码后立即进行绑定操作！）

用户也可将防伪二维码下的20位数字按从左到右、从上到下的顺序发送短信至106695881280，免费查询所购图书真伪。

防伪客服电话

（010）58582300

本书有配套教学课件，供教师免费下载使用，请访问xuanshu.hep.com.cn,经注册认证后，搜索书名进入具体图书页面，即可下载。